JN261320

タケ小山の
セルフマネジメントゴルフ

今の技術でベストスコアを叩き出す!

マイナビ

まえがき

『ゴルフは生涯スポーツ』。嫌というほどこの言葉を聞いてきました。一度始めたら、体がいう事を聞かなくなるまで続けられるスポーツだと信じている方も多いと思います。もちろん正解ですが、大きな間違いでもあります。やめてしまった人や、一度はやめ、再度始めた方がいらっしゃるのも事実なのです。

私は数多くの有能なジュニア選手経験者がやめていったのも見てきました。何故なのか？　それはゴルフが身体と同じように成長するモノだからなのです。子供の時に簡単に出来ていたモノが大人になって出来なくなる、至極当然です。ＯＢや池という恐怖を知れば、ＯＢの杭、池が目に入ったとたんに萎縮してスイングができなくなり、最悪の結果となる。一度でもバンカーからホームランを打ってしまえば、また出るのではないかと不安になるし、最高のショットを打ったのにディボットに入っていて不運ばかりだとか、自分ではコントロール出来ない部分までが存在する、それがゴルフなのです。そしてその繰り返しが、ゴルフが本来持つ楽しみを忘れさせ、離れさせていくのです。

ゴルフの楽しみの原点は『ゲーム』。いかに少ない打数で18ホールをプレーするかであり、スイングが美しく、綺麗であっても、それらはスコアカードには書き込む欄もなく必要はないのです。ボールを真っ直ぐ飛ばすことがスコアメイクにつながると信じている人が多くいますが、それは間違いです。大切なのは自分自身がボールをどうやって〝運ぶ〟か。転がしでも、空中を飛ばしても、判断した距離を打って運ぶかが、最も重要なのです。

レッスン書には、スライス完全撲滅、ダフリ&トップが止まるなんて文字が多く見受けられます。でもスライスもフックもダフリもトップも出るモノです。本書ではスイングや、それらのミスショットを矯正する術《すべ》は書いてありません。書いてあるのは自分自身が持つゴルフを知ること。飛距離よりも自分の打てる距離を知ること、真っ直ぐ打つことよりもこの曲がり幅で打てる、このクラブまでなら成功率何パーセントなんだなどと、自分を理解できていますか？　と問いかける本になっています。

『コースマネジメント』という言葉はもう聞き飽きました。コースを攻略する前に、自分自身を攻略する『セルフマネジメント』を駆使して、ゴルフの『ゲーム』をこの本から盗み取ってください。

目次

第2章 コースで実践するセルフマネジメント

第3章 ケーススタディで覚えるマネジメント

第4章

ツアープロの攻略ルートに学ぶ――149

コラム

撮影協力　鶴舞カントリー倶楽部／秦野カントリークラブ
第3章ホール図制作　島崎肇則

第1章 セルフマネジメントの原理原則

スコアメイクの要と言えるのがコースマネジメント。
しかし、その前提となるのが自分の可能性を知り自らをコントロールすること。
それがセルフマネジメントです。
まずはその原理原則を学んでいきましょう。

「コースマネジメント」より「セルフマネジメント」を

～自分にとって最も適切なプレーの仕方を見つけましょう～

いいスコアを出すために、日夜練習に励んでいるゴルファーのみなさん、ご苦労さまです。これからコースでスコアメイクするための方法をお話ししようと思いますが、まず最初に言っておきたいのは、多くの方が頭の中身を入れ替える必要があるということなんです。

おそらく、スコアメイクするためには、まず何よりも練習場でボールを打ち込むこと、そしてコースに行ったら各ホールの罠にハマらないよう、しっかりとコースマネジメントする、そんな風に考えている人が多いんじゃないでしょうか。

まあ、この考え方が間違っているとは言いませんが、正しくもない、というのが私の率直な感想です。もちろんボールをうまく打てるようになることは大事ですが、時間がかかりますし、いまのままでもスコアを減らすことは十分できると思うんです。

ならコースマネジメントを極めればいいんだな、と思われるかもしれませんが、これもちょっと違います。大切なのは「コースマネジメント」ではなく「セルフマネジメント」なんですね。

日本人は真面目なので、コースに出るのはよく練習してから、と思いがちです。コースに行かずに練習ばかりしている人も少なくないですよね。しかし欧米人は違います。そもそも練習場だけの施設というのはあまりないですし、練習してからコースに出ようなんて人はそういないんですよ。

なぜかというと、欧米人はゴルフを「ゲーム」だと考えているからです。一緒に回っている人と勝負するのがゴルフというスポーツなんです。日本人のようにトータルスコアを意識しながら回るのではなく、ホールごとに「勝った」「負けた」と争いながら、18ホール通しての勝ち負けを決めることに楽しみを見出しているわけです。ゴルフはマッチプレーから始まっていますから、それが本来の楽しみ方なんですね。日本人のように、プレーが終了した途端にスコアカードとにらめっこして、「今日は95だった」「100叩いちゃった」なんてスコアについて報告し合うなんてことはなくて、「今日はナイスゲームだったね！」とか「最終ホールはグレートゲームだったよ！」など、あくまでもゲームとしてどうだったかを讃え合うわけです。

実はここにこそスコアメイクの鍵があって、相手より1打でも少なければいい、どうやったら1打でも少ない打数でそのホールをあがれるか、そう考えながらプレーすることがゴルファーのポテンシャルを上げるんです。最初はダブルボギーをとる力しかなかったものが、そのうちボギーをとる力が付き、やがてパーをとる力が付いてくる。そうやって進歩していくんです。

一方、日本人は細かい性格だから、18ホールのスコアにとてもこだわります。私にはアマチュアのみなさんが、1ホールで大叩きをするのを嫌って、漠然とプレーしているように見えるんですね。「コースマネジメント」と言いますが、プロと同じような攻め方をイメージしても、ショットの力がそこまでないアマチュアには意味がありません。

要するに「ピントはずれ」なわけですよ。スコアは気にしているけれども、現実的に有効な手立てを行っていないから、いつまでもポテンシャルが変わらないわけです。

極端な話、大叩きしたっていいんですよ。1ホールの大叩きは防ぐ方法がいくらでもありますからね。それよりも、1つのホールでボギーやパーをとれる力を養うことのほうがずっと大事です。そのためにはトータルスコア偏重主義をやめ、ゴルフを「ゲーム」だととらえる感覚を持つことです。

いま現在、自分が持っている球筋やミスの確率といったものを把握した上で、どうやったらそのホールで1打でも少なく上がれるかを考えるのが「セルフマネジメント」です。つまり、ゴルファーの数だけそのホールの攻め方はあるわけで、「このホールのティショットは左のバンカーを避けて右狙い」というような、いわゆる一般的なコースマネジメントの感覚は捨ててください。

自分にとって最も適切なそのホールのプレーの仕方を見つける力を養うことが、スコアメイクへの第一歩なのです。

ゲーム的思考でプレーをする
～自分の能力を考えて攻略法を考えましょう～

「コースマネジメント」より「セルフマネジメント」を、という話をしましたが、もちろんコースマネジメントは一般的な概念ですし、現代のゴルフコースでプレーする上では避けて通れないものです。

1990年代になって、日本でも欧米の著名な設計家によって造られたコースがたくさんできました。その結果何が起こったかというと、彼らの造るコースは池が多いですから、ペナルティを回避するためにきっちりボールコントロールすることがゴルファーに要求されるようになったのです。

それまでの日本的なコースでは、バンカーが効果的に配置されてはいても、池が随所にあって、つねにボールを呑み込もうと待ち構えているようなことはありませんでした。ですから日本のゴルファーはいまほどコースマネジメントを意識することはなく、むしろバンカーやアプローチの技術を磨くことにフォーカスしていたものでした。

ところが池が多くなると、入れてしまえば確実にペナライズされますから、避けざるを得ません。アメリカのスタジアムコースは、250ヤードのティショットを打たせずに460ヤードのパー4を作ったりしますから、ドライバーではないクラブでティショットを打つことが当たり前になってきたのです。それと共に「コースマネジメント」という言葉も広く使われるようになり、戦略的なコースほど、コースマネジメントの力が結果を左右するようになっています。

というように、コースマネジメントはもちろん不可欠なものですが、設計家の考えるコースマネジメント通りにプレーするのではなく、自分なりにアレンジしましょうよ、というのが私の提案です。

ここでみなさんに質問です。

とあるパー4のティグラウンドに立っているとしましょう。そのホールは左ドッグレッグでフェアウェイの幅は25ヤード。右にバンカーがあって、バンカーのさらに右にはOBがあります。左は池で、左の池を超えると隣のホールのフェアウェイが拡がっています。

このような場合、どこに打っていくのが正解でしょうか？

教科書通りにいえば、フェアウェイに打っていく、という話になりますが、「ゴルフはゲームである」という発想で考えたら、池の左に打ってしまったほうがいい場合があるんですよ。

もちろんプロの試合だと、隣のホールをOBにして打たせなくすることは大いに考えられますが、ライバルとのプライベートマッチでは、狭いフェアウェイに打っていくよりパーオンの確率は確実に上がりますから、打っていいということです。ましてや、相手が先に打ってバンカーに入れた場合などは、なおさらです。「相手より1打でも少なく」という発想だと、自然にそういうチョイスになりますよね。

邪道かもしれませんが、それぐらいの気持ちでプレーすることがスコアアップへの道であることは確かです。教科書通りのプレーでは実力通りのスコアしか出ないわけで、たとえばこのホールのフェアウェイからはグリーンに届かず、よくてボギーでしか上がれないかもしれません。しかし左のフェアウェイからだと十分パーオンが狙えるとしたら、邪道だとわかっていても左に打つ。それがゲーム的思考です。

もちろんそれには能力が必要です。左のフェアウェイをとらえるにはキャリーが200ヤード必要かもしれないし、池につかまらないためにはドローボールがマストかもしれません。自分にそれができる能力があるかどうかを判断し、やるかやらないかを決めるのが「セルフマネジメント」だということです。

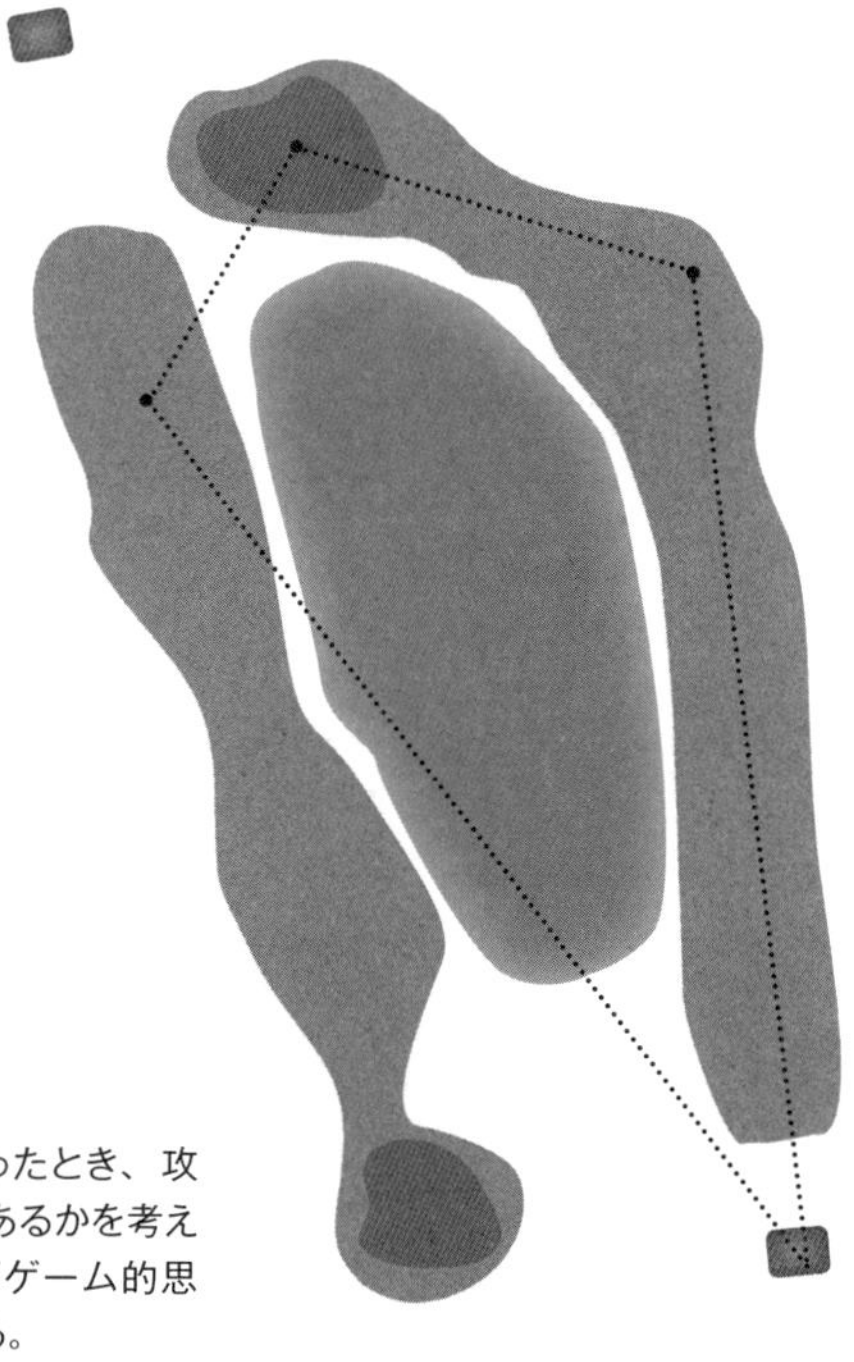

ティグランドに立ったとき、攻略ルートがいくつあるかを考えてみよう。それがゲーム的思考を養うことになる。

自分が戦うべき相手を見つけなさい
～1ショットの積み重ねがスコアを作ります～

スコアメイクと一口にいいますが、みなさんはどのようにスコアを作ろうとしているでしょうか？

私の知る限り、「スコアメイクしたいんです」と口にする人に限って、コースでは具体的な方策がなく、ただ漠然と「100を切りたい」「90を切りたい」とトータルスコアの目標だけを設定し、途中でそれが不可能だとわかると、「今日は練習だ」などと言い出し雑にやり出すパターンが目立ちます。

もちろんそれでは上達は望めないわけですし、大抵の場合、出だしの5ホールで目標達成は難しくなり残りは消化ゲームに。これでは本人も面白くないことでしょうし、そんなことにならないためにも、トータルスコアを目標にするのではなく、1ショット1ショット、あるいはホールバイホールに目標を設定するようにしましょう。

たとえば90を切りたいというスコア設計をした場合は、18ホールが全部ボギーで90ですから、一個だけパーがあればいいわけですよ。70台を出したいなら、半分パーをとって9オーバーの81ですから、9個のボギーのうち1個バーディをとれば7オーバーの79が出ます。

つまりすべてのホールでボギーをとることを目標に設定して、それを続けていけば90というスコアが作れるし、そのうち1つのホールでうまくいってパーをとることができれば90切りが達成できるというわけです。また、70台を出すためにはパーを目標にすることは言うまでもありませんが、バーディが1つでもあれば、8つまでボギーを叩けるわけです。ある程度うまくなれば、18ホールでバーディ1つぐらいは出ますし、ハーフで4つボギーを打てると思うとけっこう余裕です。

最初のうちはトリプルボギーにしないというのでもいいですね。ダブルボギーで収めておけば108にはなりますから、そのうち半分ボギーで収まるようになれば27オーバー。つまりスコアは99となって100を切れるわけです。

必ずしも予定通りにはいかないでしょうが、ホールごとにパーやボギー、ダブルボギーを取りにいくことに意味があります。OBを打ってしまえばアウトなので、「OBだけは絶対に打たないぞ」という1ショットのマネジメントを必然的にするようになるでしょうし、池が絡んだパー3などで、気持ち良く打ってそこそこ当たったけれども池だった、みたいなことも安易にやらなくなると思います。池のリスクがあるなら大きく番手を落とす、池のない地点を狙って打つ。それがセルフマネジメントですよ。

何よりも大事なのは、たとえ1ホールで大叩きしても、次のホールからまた当初の目標設定でプレーすることです。「今日は練習だ」と開き直ってしまったプレーは身にならないんですよ。気楽にやったおかげでいいスコアが出ることもあるでしょうが、あくまでもそれはノープレッシャーでの結果に過ぎません。大叩きしても投げてしまわず、1ホールに集中し続けるようにしましょう。そうすれば、ボギーを取る力、パーを取る力がついてきますし、大叩きがなくなれば大幅なスコアアップも見込めるわけです。

球聖ボビー・ジョーンズは「パーおじさん」と戦うのだと言いましたが、みなさんも自分が戦うべきスコアを見つけてください。

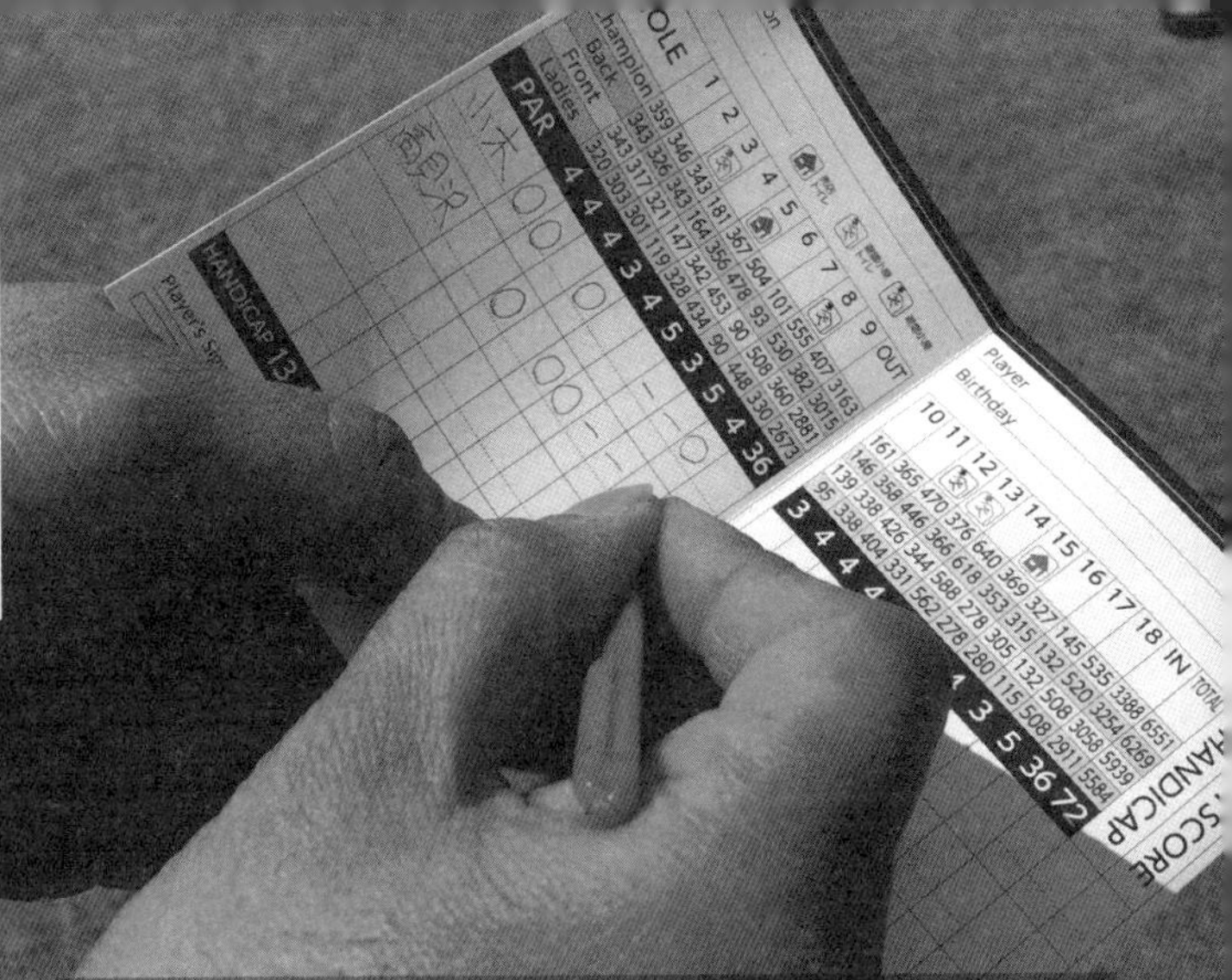

ホールごとに勝ち負けを決めるマッチプレーは、1ホールに集中する力を身につけるには最適なゲーム。1ホールごとにパーやボギー、ダブルボギーを取りに行くことが、1ショットのマネジメントにつながるのだ。

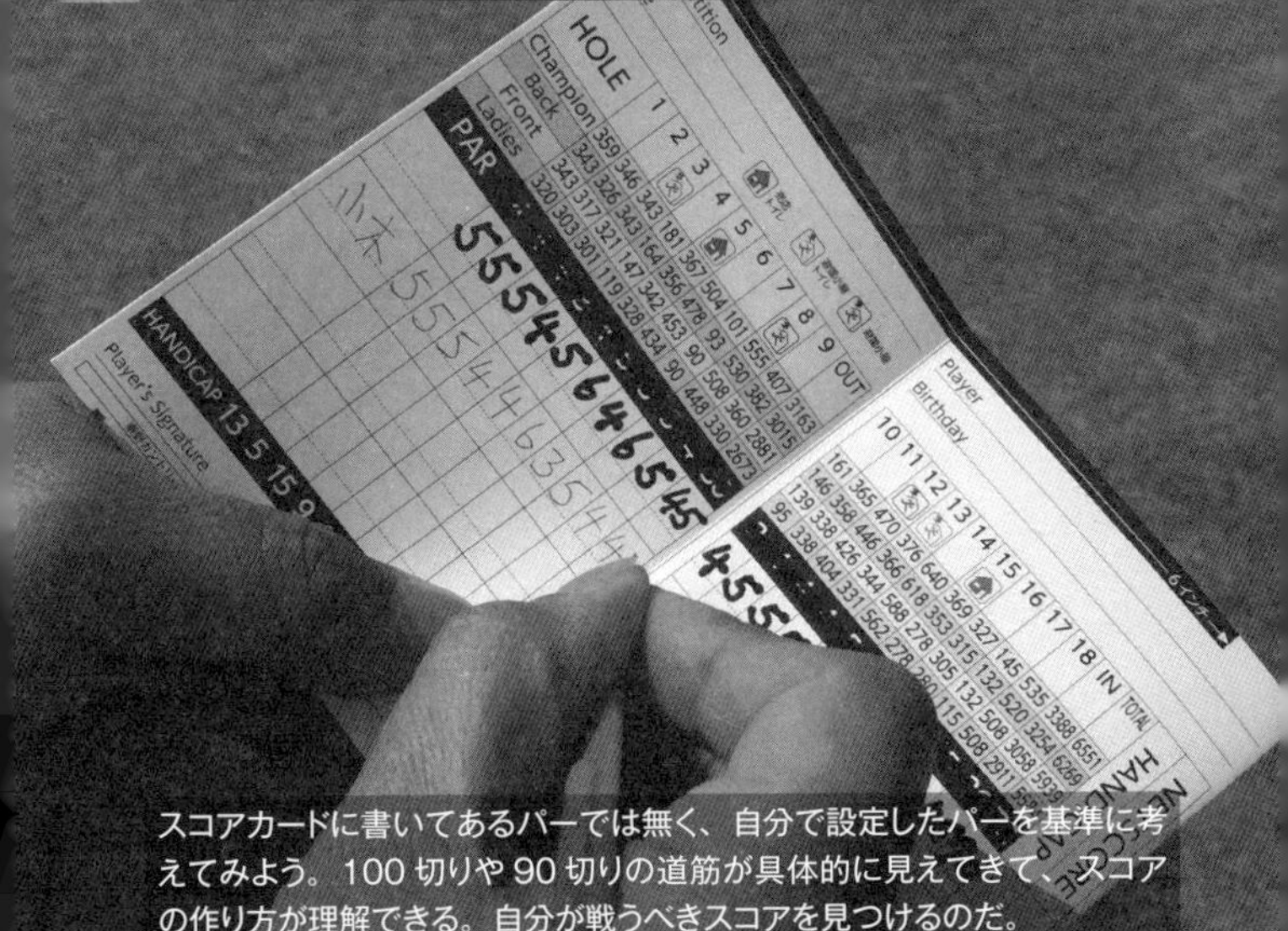

スコアカードに書いてあるパーでは無く、自分で設定したパーを基準に考えてみよう。100切りや90切りの道筋が具体的に見えてきて、スコアの作り方が理解できる。自分が戦うべきスコアを見つけるのだ。

自分なりのルールを決めてプレーする
～決めたことを徹底すると見えてくるものがあります～

アマチュアのみなさんにぜひともおススメしたいのが、自分なりの「ルール」を決めてラウンドすることです。

ルールとは何かというと、その日これだけは守るという掟のようなもので、たとえば「今日は絶対にOBを打たない」とか「絶対に池に入れない」とか、1つだけルールを決めてプレーするんですよ。「50ヤード以内は全部パターだ！」なんてのもいいですね。

実際にやってみるとわかりますが、ルールを守り切ると、ふだん自分がいかに同じパターンで崩れているかがわかると思います。打たなくてもいいOBを打ったり、無駄に池に入れたり、スコアがまとまらない人ほど、回避しようと思えばできるトラブルにわざわざ首を突っ込んでいるものなんです。

左右がOBの狭いホール、上級者でもOBを打ってしまうような場面で、何も考えずドライバーを打って、「うわっ、やっぱりやった！」なんて言ってるようじゃダメなんですよ。広いホールでさえまっすぐ飛ばないのに、狭いホールでプレッシャーがかかった状況でまっすぐ打てる確率は何パーセントありますか？　おそらく10％もないんじゃないでしょうか。にもかかわらず、ティショットはドライバーという常識にとらわれて、わざわざOBを打っているようでは、いつまでたってもスコアは減りません。

そんな状況でまっすぐ打てる自信があるのはピッチングウェッジ以下、というならピッチングウェッジで100ヤード打てばいいんですよ。それが「今日は絶対にOBを打たない」という自分のルールを守るということになるんです。

プロゴルファーはそのあたりは徹底していて、今年絶好調で開幕早々に3勝を挙げたジミー・ウォーカーがAT&Tプロアマの大詰めの場面でやっていましたよね。

最終日、17番を迎えたときに首位にいた彼はまず、17番ホールでセーフティなプレーをします。無理にピンを狙わず、安全な右手前に打って2パットのパーを拾ったんですよ。ファーストパットは大ショートで明らかにシビれていましたが、ここは最悪ボギーでもいいと思ってプレーしていたんだと思います。パー3というのは思わぬ落とし穴がありますから、ティショットで絶対にトラブルにならないように打って、ダブルボギーを回避したわけです。

最終18番のティに立ったときには1打リードしていましたけれど、ここでもウォーカーは安全に右に打ちます。フェアウェイ右とかではなく、右のラフめがけて打ったんですよ。ペブルビーチの18番は左サイドが海で、左に曲げたらアウトですから、それだけは絶対に避けたわけですね。セカンドも当然右に打ちましたけど、いつもの状態ではなくて、シビれまくっているわけです。

そういう自分の状態をわかっているからこそ、中途半端なことをせず、海だけには入れないようにドスライスで右に打つ。これがセルフマネジメントなんですよ。結局、そこからバーディをとって逃げ切るわけなんですけど、そうなったのは1打目、2打目で徹底的に右に逃げるという選択をしたからで、これがもし、「逃げたらダメだ」とか思って通常の状態のコースマネジメントをしたら、間違いなく海に打ち込んでいたと思います。

世界のトップレベルにいる選手でさえ、こういうマネジメントをしているのですから、アマチュアのみなさんはより徹底しなければならないんですね。

「絶対にバンカーに入れない」「残り50ヤードからはパター」を一度やってみてください。

ふだん自分がいかにバンカーでハマっているか、アプローチでザックリとかトップをやってスコアを無駄にしているかがわかると思います。

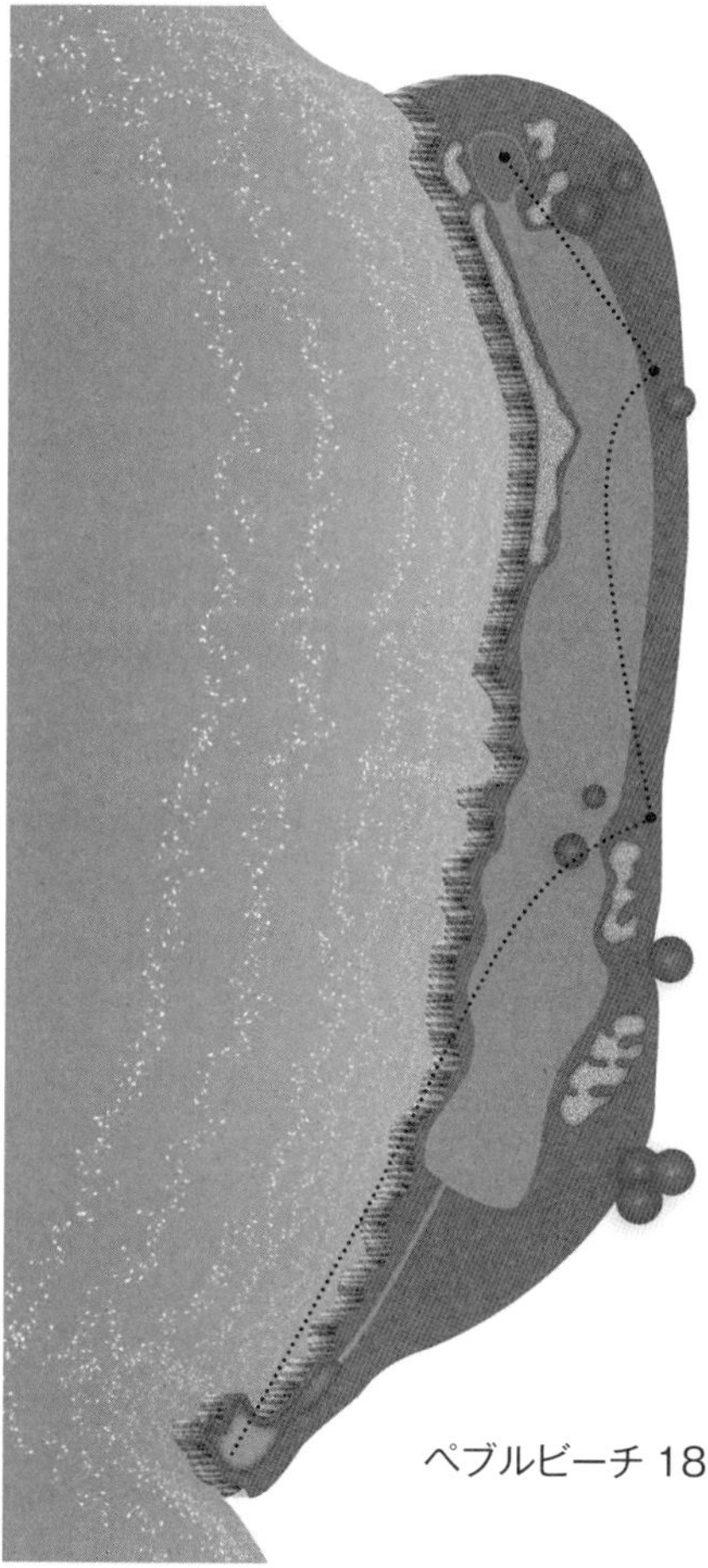

ペブルビーチ18番

危険のあるサイドは徹底的に避ける。PGAのトッププロでさえこのようなマネジメントをしているのだから、アマチュアはさらに徹底すべきだろう。

己を正しく知ることがセルフマネジメント
～無駄な1打を無くすことがスコアメイクの秘訣～

ＰＧＡツアーで優勝した選手に「プレー中何を考えていましたか？」って訊くと、必ず「アイム・シンキング・アバウト・1ショット・アット・ザ・タイム」って言いますが、これは要するに「先のことは考えず、1打1打に集中してましたよ」って意味ですね。

強い選手はほぼこういう思考でプレーしていると思いますが、そのベースとなるのが、そのショットが成功する確率は何パーセントあるのか？ ということです。

スコアを作るためにナイスショットを連発することは必要ありませんが、1打1打のミッションをクリアするための確率は絶対に知っておかなければならないんですよ。

たとえば、ピンまで235ヤードで、グリーンの手前が池でガードされているような場合にプロがどう考えるかというと、ライが良ければユーティリティで打てば80％の確率でグリーンをとらえることができるだろう、でも、もしライが悪ければその確率は50％に下がる。また、スプーンを使えば池は99％クリアできるだろうけど、80％の確率でグリーンオーバーするだろう。とまあ、こんな思考が頭の中をぐるぐると駆け巡るわけです。

たくさんの選択肢の中から、そのときのゲームの状況に応じてチョイスをするわけですが、その決めてとなるのはやはり確率です。池だけは絶対に超えたいと思えばスプーンで打つでしょうし、多少のリスクを負ってでもピンそばにつけたいと思えばユーティリティを握るわけです。これが「1ショット・アット・ザ・タイム」なんですね。

アマチュアはこれができていなくて、同じ状況でスプーンを握ったりするんですよ。残り235ヤードだからスプーンじゃないと届かない、というのがそのチョイスの裏付けなんですが、もともとスプーンでボールを上げられる確率は5%ぐらいしかありませんから、池につかまって「やっぱりね」なんて苦笑いしているわけです。

プロがスプーンを持てば100%池をクリア、でもアマチュアがスプーンを持つと100%池。これは個人の能力が違うからで、それをはっきりと認識しておかねばなりません。

ここで質問ですが、あなたは自分のパターの最大飛距離を知っていますか？

パターを持って通常のストロークで打って、何ヤード先までボールを転がせるか、ということなんですが、これがわかっている人はあまりいないのではないでしょうか。でもわかっていないと困るんですよ。たとえば巨大なグリーンのエッジにボールがあって、カップまで50ヤードという状況があったとしましょう。こんなとき、もし自分のパターの最大飛距離がわかっていないと、「あ、これ届くのかな?」ってなるわけです。

疑問を持つだけまだましだとも言えますが、そんなことに思いも寄らず、最大飛距離が40ヤードしかないのにパターを持てば、うまく打ったとしても10ヤードショートしますよね。これがスコアの無駄遣いなんです。一番簡単なクラブで打ったときの管理もされていないわけですから、他のクラブが言わずもがなで、こういう人はゲームになっていないんですね。

というわけで、まずは己を知ることから始めましょう。自分が打とうとしているそのショットが成功する確率が何パーセントあるのか、それがわかっていない限り、コースマネジメントもへったくれもありませんからね。

自分のパットは何ヤードまで打てるのか？　これを知っておけば、超ロングパットを打つときに届くかどうかと言う迷いが無くなり、無駄な１打を減らすことにつながる。練習グリーンで一度試してみよう。

「遠方先打」にゴルフの本質がある
～情報収集能力がスコアを大きく左右するのです～

ゴルフには「遠方先打」といって、カップから遠い人が先に打つという決まりがあります。また、ティショットは「オナー」と呼ばれる、前のホールで勝った人、あるいはスコアが良かった人から打つということになっていますが、なぜだかおわかりでしょうか？

実はここにこそゴルフの本質があって、これがわかっているかいないかが上手い下手の分かれ道といっても過言ではありません。

なぜ遠いボールから先に打つかというと、後から打ったほうが有利だからです。

先に打った人のボールから得ることのできる情報というのは、物凄く多いんですよ。たとえば打ち出されたボールがどちらに曲がるかで風向きがわかりますし、ワンバウンドめでブレーキがかかって止まったのなら、グリーン面が柔らかいとか、逆目であるということに気付きます。また、パッティングのボールの転がりでは、カップ際ですっと伸びたら下りだとわかるし、左右に切れればスライスかフックかがわかるわけです。

つまりコースの状態がわかりますから、その情報を元に自分の攻め方を決めることができるんですね。ゴルフの本質はゲームだと言いましたが、だからこそ、負けている側を有利にすることでゲームが白熱するようなルールになっているんですね。

ところが、信じられないことに人のプレーを見ていないプレーヤーがいるんですよ。自分のプレーのことばかり考えて、同伴競技者の打つ姿や飛んでいくボールを見ていないんです。これは明らかに損ですよね。アマチュアのみならず、プロにもこういうプレーヤーがいるので困ったものです。

条件はつねに変わりますから、先に打った人のボールのリアクションを見るというのは非常に大事なことですし、情報をたくさん持っているほうが強いんですよ。

先日、「地球ゴルフ倶楽部」(ゴルフエッセイストの故夏坂健氏ゆかりの人たちが集う倶楽部)の集まりに呼んでいただいて講演をしたんですが、行く前はしゃべりにくいだろうな、と思っていたんです。ゴルフをよく知っている人たちですから、生半可なことを言うと突っ込まれるんじゃないかと緊張していたわけです。

でも実際は逆で、とてもしゃべりやすかったんです。なぜかというと、聞き手にゴルフの知識があるから、私の言うことを理解してくれて反応がいいわけです。そのうちに私もノッてきて、とっておきのネタを披露したりなんかして、講演は大盛り上がりで幕を閉じました。

これなどは、情報があるがゆえにうまくいったケースで、講演者である私は、聞き手がゴルフに精通しているという情報を持っていたがゆえに、彼らが喜ぶであろう話題を的確にチョイスすることができたんですよ。

もし情報がなければ、(この人たちはどこまでゴルフのことを知っているんだろうか……)などと思いながら、手探りで話すしかありません。とっておきのネタを繰り出しても全然反応がなかったりして……そんなのやりにくいことこの上ありませんよ。

だから情報は大事なんです。これから打とうとしている1打が成功する確率を知っていなければならない、という話をしましたが、それには状況がわかっていなければなりませんからね。どういうライにボールがあるのか、風向きはどうなのか、落ち場所の地面はどうなっているのか、そういう条件を考慮に入れたうえで確率は導き出されるものですからね。

相手が先にポンと打ったボールがどこまでも転がっていくのを見たら、「あれっ？なんであんなに転がってるのかな？」という疑問が出てくるじゃないですか。そうすれば「きっとフェアウェイが固いんだな」と推測できますし、そのボールがバンカーに入って、見たらそのバンカーにはあまり砂が入っていなくて、ラフに入れるよりも打ちやすそうだったら、「今日はバンカーに入れるのはＯＫにしよう」と作戦が立てられるわけです。

また人のプレーをよく見ていると、ああいうスイングをすると曲がるんだな、というように反面教師にできますから、自分のミスを少なくすることもできます。

このように、ゴルフでは情報収集能力が重要で、それがスコアを大きく左右します。ですから人のプレーをよく見ること。これだけはぜひとも守っていただきたいものです。

打ち出されたボールがどちらに流されるか？　ランはどのくらい出るのか等々、相手の打ったボールをよく見て、そこから自分のゲームを組み立てよう。ゴルフは情報収集能力によってスコアが変わるのである。

人間は自然には絶対に勝てません
～雨風のプレーで知っておきたいこと～

プレイヤーが自分の力ではどうにもならないものの一つに「天候」があります。コースには雨も降れば風も吹きます。雪が降ったらどうにもなりませんが、雨風に対応できるかどうかが技量で、優れたプレーヤーは悪天候でもスコアを作ってくるものなのです。アマチュアのみなさんが苦手にしているのは雨でしょうか。

雨の降る中でのプレーは仕事が増えるので面倒ですよね。まず傘を差さなければならないし、グローブやグリップを濡らさないように気を付ける必要があります。濡れてしまったらグリップをタオルで拭いたり、あるいはグローブを交換するなど、晴れているときに比べて余計な作業が増えるために、肝心のプレーで注意力が散漫になるのです。

雨のプレーのコツは、自分のゲームの内容を変えることです。ふだんはエチオピアシープのぴったりしたグローブで100%の力で握っているとしても、雨では全天候タイプのグローブを使いますから、どうしてもグリッププレッシャーが弱めになるんですよ。レインウエアを着ていてフルスイングできないこともあって飛距離が落ちます。ふだん5番アイアンで170ヤード飛ぶとして、雨の日は160ヤードしか飛ばないことを頭に入れながらプレーしないといけないわけです。

雨で濡れた地面はランがないということも重要です。落ちてすぐ止まってしまいますから、ふだんはランで距離を稼いでいるドライバーよりもスプーンで打ったほうが飛ぶということが起こり得るんです。

また、意外と知らない人が多いのですが、雨の日はクラブフェースのスコアラインに水が溜まります。その結果、スピンがかかりにくいので曲がらない、という事実もあるんですよ。雨でもスコアがまとまる人はこのあたりを計算して、ティショットをスプーンで打ったり、セカンドをピンデッドに打ってきたり、とふだんとプレースタイルを変えてきます。

風にはどう対処すればいいかというと「のるかそるか」です。

要するに、風を利用するか、しないかなんですね。風に乗せればボールは飛ぶし、逆らえば飛びません。これが基本で、場面場面で風を使うのか使わないのかを決めて打っていきます。

狭くて左右がOBの危険なホールでも、強いフォローが吹いている場合はスプーンで高い球を打てばまっすぐ飛んでグリーンの近くまで運べるとか、風を最大限に利用できるケースなどもあるわけです。アゲンストのときはボールが止まりますから、ロングアイアンでもピンの根元に落としてしまうなんていうのは、風が吹いているからこそできる攻め方ですね。

風のプレーでやったらいけないのが、アゲンストでフルスイングすることです。フルスイングすると風にあおられてスピンが増えてしまいますから、距離が落ちますし、曲がりやすくなります。風に負けないように、などと思ってハードヒットする人がいますが、風には絶対に勝てないのでやめましょう。

風の日はハーフスイングが賢い選択です。バックスピンを落とす打ち方をすれば、風の影響を最小限にすることができるからです。7番のフルスイングで150ヤード飛ぶという場合、アゲンストだと100ヤードしか飛ばないことも十分ありえます。ところが同じく150ヤード飛ぶ5番のハーフスイングで打つと140ヤード近く打てたりします。このように、ハーフスイングのほうが予測を立てやすいので、風の中ではフルスイングしないことがスコアにつながるわけですね。

風のゴルフで要注意なのがアプローチです。風の影響というと、ドライバーなど長いクラブをイメージしがちですが、実は最も影響を受けるのがアプローチなのです。

風が強い状況でロブショットを打つと、あっという間にもっていかれるわけですよ。このように、柔らかく上げたアプローチが一番困りますね。またピッチ&ランでも、アゲンストの場合はファーストバウンドで止まってしまう場合があるし、フォローなら落ちてからダラダラとだらしなく転がってグリーンオーバーしてしまうこともあります。とにかく風の中のアプローチはやっかいで、ロブやピッチショットは禁物。なるべく球を上げないということが寄せるために必要なんですね。

雨にしても風にしても、人間は自然には絶対に勝てません。そのことを肝に銘じてプレーしましょう。

ショットに大きく影響するのが風だ。風を正確に把握できないとゲームの組み立てはできない。高い木の先端の揺れ具合や、池の水面の動きなどで風の強さと方向を知ることができる。ぜひとも活用しよう。

実は風の影響を最も受けるのがアプローチ。アゲインストならボールは止まりやすく、フォローなら止まりにくい。ボールを上げて風を利用するか、それとも低く打ち出して風の影響を避けるか考えよう。

地形を賢く使ってスコアを減らす
～ボールがどう動くのかを予測して作戦を立てましょう～

「コースに平らな場所はない」と言われるように、ゴルフは傾いた地面にボールを打っていくスポーツなので、地形を抜きにスコアメークを語ることはできません。

では、われわれゴルファーは地形とどのように付き合っていけばいいかというと、風と同じように「のるかそるか」なんですね。地形を利用してボールを前に転がしてしまうか、あるいは止めてしまうか、という2つのチョイスがあるわけです。

たとえばオーガスタの11番ホール。グリーン手前の左サイドに池がある難しいパー4ですが、あそこは右手前にマウンドがあって、それを超えればグリーンに向かってスロープになっているので乗るんです。ピンまでの距離を打つのは非常にリスキーですけれども、実はその必要はなく、マウンドの頂点を超す距離を打てば、ボールが勝手に乗っていくんです。

その前の10番も傾斜がきついパー4ですが、ここは選手によって地形の使い方に個性が出て面白いホールです。マスターズで4度の優勝を誇るタイガー・ウッズはスプーンでフェードボールを打って、競輪のバンクのような斜面に当ててきます。スライス回転とつま先上がりの斜面が相殺してピタリと止まるんですが、要は点で狙ってくるんですね。一方、同じく優勝経験のあるアルゼンチンのアンヘル・カブレラはロングアイアンでドローを打ってきます。つま先上がりの斜面にドローボールを当ててランを稼いでくるんですね。これは線の狙いです。

というように、自分の得意な球筋をホールの地形に当てはめて攻めることは非常に有効で、強い選手はこういうマネジメントが身についているといえるでしょう。

自分たちとは次元が違う話だと思わないでくださいね。アマチュアにとっても、地形を賢く使うことは、スコアを減らす有効な手段です。

日本のコースには片方のサイドが山、もう片方が谷というホールが多いですが、あなたがもしスライサーなら、左サイドが山のホールは距離が稼げるわけですよ。つま先下がりの斜面にスライス回転のボールを当てれば転がりますからね。ですから自信を持って左の斜面にぶつけていけばいいわけです。逆に右サイドが山のホールで右の斜面に当ててしまうと転がらないので、距離を損してしまいます。その場合は右の斜面だけは避けて打つ。これだけでも1ラウンド通して実戦すれば、かなりスコアメイクに貢献すると思いますよ。

またグリーンを狙うショットにしても、地形が頭に入っているかどうかで結果が大きく違ってきます。ピンまでの距離が160ヤードで2段グリーンの奥、上の段にカップが切ってあるような場合をイメージしてください。ピンの手前は上りのスロープです。このとき7番アイアンのフルショットで150ヤードキャリーさせるように打つと、スロープに落ちて止まってしまうことがあり得ます。ところが同じ7番でハーフスイングをして140ヤードキャリーさせると、フラットな下の段に落ちてからスロープを駆け上がってピンに寄ることもあるのです。

こういう技を使えるようになるには、自分の弾道をしっかりと把握しておかなければなりません。7番アイアンでフルスイングをしたときに、球がどれぐらいの高さで飛び出し、どれぐらい舞い上がるのか。そしてその球がフラットなグリーンに落ちてからどうなるのか。スピンがかかっているのかいないのか。そういうことが頭に入っていれば、コースの地形の中でボールがどう動くかが予測できるので、作戦が立てやすいのです。

地形に関連した話でいうと、ラウンドごとにタイプの違うゴルフシューズを履いてくる人がいますが、あれはダメですね。傾斜の情報は足から伝わってきますし、カカトの高さやソールの厚みが変わるとスイングにも影響が出てきますので、同じメーカーの同じタイプのソールの靴を履くようにしてください。

ゴルフは道具を選べるスポーツなので、自分に合ったゴルフシューズを選び、それを変えないこともスコアメイクのコツです。

靴でミスショットをしないようにご用心！

右の斜面にフックボールが当たると思った以上に転がることがある。逆にスライスボールが当たると全く転がらない。フッカーは自信を持って右斜面を狙っていこう。

逆に左斜面の場合はスライスボールで当てると距離を稼ぐことができる。無理矢理にクラブを振り回すより、頭を使って飛距離を出すのがセルフマネジメントなのだ。

自分の射程距離を知らずにゴルフはできない
～14本のクラブすべての飛距離を知りましょう～

「セルフマネジメント」で基本となるのが、自己管理能力「セルフマネジメントスキル」です。使用していいクラブは14本とルールで定められていますから、キャディバッグに入っているすべてのクラブを、自分がどのように打てるかを知っておかねばなりません。

7番アイアンの出球の高さ、放物線の頂点の高さ、落ちてから止まるのか転がるのか、それからそこそこのショットが打てる確率は何パーセントあるのか。それが斜面の場合、ライが悪い場合はどれぐらい確率が落ちるのか。それが頭に入っていてはじめて、コースマネジメントができるわけです。

100を切るぐらいのレベルになると、それぐらいはできていますよ、というゴルファーが多くなると思います。最低限、そのクラブでどれぐらい飛ぶかはわかっていながら打っていることでしょう。しかし盲点があるんです。14本のクラブのうち、1本だけあらかじめ飛距離を決めないで打っているクラブがあるんですね。パター？　違います。そのクラブとはドライバーなんですよ。

あなたがティグラウンドに立ったときのことを思い出してみてください。手にしているのはドライバーです。そのとき何を考えているでしょうか。おそらく、右はOBだから注意だとか、バンカーを避けて左サイドに打とうとか、方向のことは考えていると思いますが、何ヤード飛ばそうとは考えていないのではないですか？

もしそうなら、それが問題なんです。ドライバーは一番飛ばすクラブですよね、とか言ってるアマチュアがいますけど、それは違います。ドライバーも他のクラブと同様、何ヤード先に落下して、何ヤード転がるのかを知っておかなければなりません。

ドライバーは飛べば飛ぶほどいいと思っているとしたら、それは大間違いなんですよ。それはゴルフというゲームを全くわかっていない人です。こういう人は「飛び過ぎてバンカーに入っちゃったよ」とか自慢げに言ったりしますけど、そんなのは自分がヘタクソだと告白しているだけで、ちっとも偉くありません。飛ばなくても、自分が打ったドライバーショットのキャリーとランを正確に知っている人のほうが上手いし、いいスコアで回れるんです。

タイガー・ウッズはただ闇雲に飛ばしているだけではないんですよ。飛んでしまうのを防ぐために、あえてランの出ないドライバーで打っているんです。270～290ヤードのAポジション(※)にボールを置きたいんですよ。その気になれば320ヤード飛ばせるでしょうが、それはゲームではないとわかっているから、タイガーはティショットをポジショニングしてくるわけです。

こういうことを考えずにプレーしている人はコースで事故に合っているはずです。ナイスショットしたにもかかわらず、カート道に「コーン！」と当たってOBゾーンに消えてしまったなんて経験はありませんか？　あれは縦の距離の意識がないために起こるんですよ。カート道っていうのは怖くて、ときどき狙い目の場所にカート道が通っているおかしなコースもありますけれど、それを避けるためには自分の球がどこに落ちるかを予測しておかなければなりません。小さなスプリンクラーに当たったなら本当に事故かもしれませんが、見えているカート道に当てることは避けられるはずです。

というわけで、14本のクラブの飛距離を把握してください。そのときドライバーのことを忘れないでください。コースマネジメントを考えるのはそれからです。

※そのホールの一番の狙い目。セカンドショットやアプローチの一番寄り易い場所

クラブのチョイスやセッティングは人それぞれ。しかし、どんなクラブを使っても、大事なのは 14 本すべてのクラブの飛距離を知ることだ。自分自身を知らずにコースマネジメントはあり得ないのだ。

Column

『飛耳長目』
同伴競技者の放つボールには多くの情報が隠されている

アマチュアのプレーを見ていると、自分の放ったボールをコントロールすることが一番大切だと思っている方が多いのを強く感じます。それは『コースマネジメント』という言葉が邪魔をしているんですね。スイングを作り、真っ直ぐ球を飛ばす。そこで次のステップがコースマネジメントになってしまうと、好スコアを出すことは出来ません。何故か？　それはゴルフというスポーツがゲームであるからなのです。

自分の持つ道具『ゴルフクラブ&ボール、球筋、技術、状況判断』を駆使してプレイ&ゲームをする。そこで一番大切なことは、現在の自分を知ること。それは自己管理能力･セルフマネジメントスキルを知ることなのです。その中で、自分だけのルールを設定し、最大飛距離を確認して、遠方先打を守り、情報を最大限に利用してゲームを進めることが出来れば、好スコアを出すことは可能なのです。必ず同伴競技者から放たれるボール、転がるボールを凝視して情報を仕入れてください。好スコアを作れないプレイヤーに限って、自分自身を理解していない人が多い……。その事を肝に銘じてゲームを楽しんでください。

第2章

コースで実践するセルフマネジメント

ゴルフは18ホールを回るなかでいろいろな事に遭遇し、セルフマネジメントの力が試されます。

果たしてそこで何を考えればいいのでしょうか？

ここでは実践的なセルフマネジメントを考えてみましょう。

ティグランドを使いこなせれば一人前
～情報収集とリスクヘッジをしましょう～

ゴルフは情報収集能力が高い人が上手いことはおわかりいただけたと思います。多くの情報を持っていれば、それをもとに、次の1打が成功する確率を弾き出すことができますし、自分にできるショットのバリエーションから最善の方法をチョイスできるというわけです。

情報の集め方はいろいろありますが、ティグラウンドからも有益な情報を得ることができるんですよ。芝が厚かったり薄かったり、地面が固かったり柔らかかったり、いろんなティグラウンドがあるじゃないですか。あれでコースの状態がわかるんです。

たとえばパブリックの安いコースだと、ティグラウンドに芝があまりなくて、固いベアグラウンドのような場所から打つじゃないですか。そうすると私は「今日のフェアウェイは走るな」と判断します。なぜかというと、ティグラウンドはコースの状態をよく示しているからです。

ティグラウンドの芝の刈高とグリーンエッジの刈高はだいたい一緒なんですよ。名門コースなどでは、ティグラウンドとフェアウェイの刈高も一緒ですね。芝刈り機で芝を刈るんですけど、刃の高さを変えるということは、機械の台数が必要になりますから、コストの面で効率が悪い。そのためにティグラウンドとグリーン周りの刈高を同じにすることが多いんです。またフェアウェイの芝をこまめに刈ってティグラウンドと同じ刈高にするのは物凄く労力がかかりますから、これをやっているのはよっぽどの名門コースだけでしょう。

このように、ティグラウンドの状態はそのコースのメンテナンスの鏡みたいなものですから、こまめに刈っていなくて芝が長いような場合はフェアウェイも同じだと考えて間違いないと思います。

ですから、朝イチのティグラウンドでティをぶすっと刺したときに芝が長いことに気付けば、(なるほど、このコースはフェアウェイといってもおそらく芝が伸びているからランは出ないだろうし、フライヤーに気を付けなくちゃな)と思うわけなんですね。

まあここまでの域に達すればかなりの上級者ですけれども、少なくとも、芝の長さに騙されて、ティアップが高くなりすぎることは避けてくださいね。芝の頂点からの高さではなく、地面からの高さで考えないと、テンプラになってしまいますよ。

そのほか、ティグラウンドでは唯一打つ場所を選べますから、リスクを減らせる所にティアップしてください。右がＯＢならティマークの右端にティアップして左サイドを狙って打つ、左がＯＢならティマークの左端にティアップして右サイドを狙って打つ。これなどは基本中の基本で、フェアウェイを広く使うゴルファーの知恵です。

また、上級者が左のティマークの外に立って打つときがありますが、あれは左に曲がるリスクを減らそうとしているんですね。インサイドに引っ張り込む軌道をティマークでブロックしてしまうことで、ヘッドを飛球線に沿ってまっすぐ出し、スライス回転のボールを打とうとしているのです。

逆に、右に打ちたくないときは、右のティマークの近くにティアップしプッシュアウトする軌道を消してしまいます。これなども上級者の技ですが、使えるものを最大限に使ってリスクを減らせるようになることも、ゴルフが上手くなるということです。

ティグランドは情報の宝庫。例えば芝の刈り高を見れば、フェアウェイとグリーンエッジの芝の状態も予測できる。朝イチのティグランドでティを刺すときに注意深く観察してみよう。

ティグランドは唯一自分で打つ場所を決められるところ。右サイドが危険なときは、ティグランドの右端にティアップし、左サイドを狙って打つ。これで危険な右サイドを大きく使えるわけだ。

逆に左サイドが危険なときは、ティマークの左端にティアップして右サイドを狙う。このように、ティマークの使い方ひとつで危険を未然に防ぐことができるのだ。

レイアップするなら徹底的にやること
～中途半端は大叩きにつながりますのでご用心～

大叩きをするゴルファーを見ていて多いのは、ちぐはぐなコースマネジメントです。グリーンの前に大きな池があるようなホールってあるじゃないですか。あれはパーオンもしくはバーディオンを狙うショットをガードするという目的で池が造ってあるのですが、ボギーオンを狙うショットで入れちゃったりしますよね。

池絡みのホールは上級者でも難しいんですが、それはパーやバーディを取りにいこうとするからであって、ボギーやダボでよしとするならそうでもありません。100を切りたいぐらいのゴルファーは徹底的に逃げるべきなんですが、どうもそれができないんですね。

ティショットを打って、ピンまで残り200ヤード。グリーンの手前が池で180ヤード打たないと池は超えないとしましょう。こんなときあなたならどうするでしょうか？

180ヤード以上のキャリーをきっちり打てるならグリーンを狙えばいいだけですが、

それだけの技量を持ったゴルファーがどれだけいるでしょうか。少なくとも、100を切ったら嬉しいぐらいのレベルでは、180ヤード超のキャリーはそう簡単ではありません。にもかかわらず、200ヤード打てるクラブ、たとえば21度のユーティリティなんかを選んであっさり池に入れていませんか?

こういうのが無駄な1打です。ペナルティがつくから池の手前から4打目を打つことになりますが、それも池に入れちゃったりして大叩き、なんていうパターンが非常に多いんですよ。

レイアップするなら徹底的にやることです。池まで150ヤードだとしたら、7番アイアンとかギリギリのクラブで打つのではなく、ピッチングで100ヤード打って100ヤード残すとか、「万が一」があっても池に入らないようなマネジメントをすべきなんですね。また、最初から2オンが無理だとわかっているなら、7番アイアンで2回打って残り100ヤードに残すというのも立派な作戦です。

当たり前のことですが、ちゃんとできている人は少ないですね。刻むことに決めたのはいいけれども、少しでも距離を稼ぎたいという気持ちから、番手の大きいクラブを持って池に入れてしまったり、スコアがまとまらない人ほど、徹底的に逃げることができていません。

プロがレイアップする場合は徹底的にやりますよ。昨年のマスターズの3日目、タイガー・ウッズは15番のパー5で刻んでいましたよね。ウェッジで打った3打目がピンに当たって池に入ってしまいましたが、あそこからならピンに寄せる絶対の自信があるからこそ2打目をあそこに置いたのです。ドロップした場所を間違えて2ペナルティを食らいましたが、もしピンに当たっていなければ間違いなくタイガーの勝ち試合でした。

あのようなプレーから何を学べばいいかというと、何度もいうようですが、自信のあるショットをつなげていくということですよ。池の手前にきっちりレイアップする自信もないというなら、パターで転がせばいいんです。とにかく池には絶対に入れないと決めたなら、それを100％実践できるクラブで打つことです。

また200ヤードの確率が悪いのは仕方がありませんが、もしそこを諦めるのであれば、100ヤードを磨いておいてください。私の場合は腕が大胸筋からはずれない範囲のハーフスイングで58度のウェッジを打つと80ヤード飛びますけれど、そのショットには絶対の自信がありますから、困ったときはその距離を残すようにしています。無理にピンを狙うとトラブルになる可能性があるような場合は、無理をせず残り80ヤードまで持っていくんです。そうすればほぼ1ピン以内につくし、次のパットが入れば2打で収まりますからね。

刻むなら徹底的に。そして刻んだ後のショットを得意にしておく。この2つを実践するだけでも、スコアは大きく減るでしょう。

バンカーもスコアを大きく崩す可能性があるハザードだ。距離を欲張ってギリギリまで打ってしまうと、中途半端な距離の難しいアプローチが残ってしまうことがある。得意な距離を残すことを考えよう。

池の手前にレイアップを考えるとき、欲張って池ギリギリに打ってしまいがちだが、そういうときは得てして池に入ってしまうもの。池に入らなくても、ライが悪くてグリーンが狙えないこともある。刻むなら徹底的に刻もう。

ドッグレッグホールとブラインドホールの掟
～見えるところに打つのがセオリーです～

コースにあるのはまっすぐなホールだけではありません。途中から左右にカーブするドッグレッグホール、それから先が見えないブラインドホールなんていうのもあります。どちらもよく考えて打たないと大叩きする可能性があるので注意が必要ですね。

ドッグレッグホールでの事故は、カーブしているほうに曲げてしまったときに起こります。左ドッグレッグのホールで左に曲げるということですね。林に打ち込んでしまうと最悪です。グリーン方向には打てませんし、林から出したとしてもそこからグリーンを狙えるとは限りません。運よく林の手前で止まったとしても、木が邪魔をしてやはりグリーンを狙えないでしょう。

つまり林から出した場合も、林の手前からコーナーに打つ場合も、3打目の距離がけっこう残ってしまいますから、よくてボギーになってしまうんですね。まあボギーやダボでおさまればラッキーで、大抵は脱出に失敗したり、突き抜けて向こう側の林に打ち込んだりして大叩きになります。

ですから、ドッグレッグホールのティショットはカーブしているほうには絶対に曲げないように打つのがセオリー。逆方向に曲がるのはOKとします。なぜなら、左ドッグレッグで右に曲げた場合は、グリーン方向に打てる可能性が高いからです。距離が残ってしまったとしても、残り100ヤード以内に運べることはできるでしょう。そこから寄せて2パットならボギーがとれますから、アベレージゴルファーのみなさんにはこのマネジメントをおススメします。

先がどうなっているかわからないブラインドホールでは、見えている範囲にボールを置くのがセオリーです。ホールレイアウトが完璧に頭に入っているのなら別ですが、よく知らないコースなら、距離を捨てて、丘の頂点の手前にボールを置きましょう。ブラインドホールはクラシックタイプのコースにはよくあって、つい見えていない先まで打ちたくなりますが、霧が出ているのと一緒ですから、セーフティにプレーするほうが無難です。

もちろんホール図を見たり、キャディさんに聞くなど情報収集して、イメージが湧けば打っていっても構いませんが、キャディさんの言う通りに打てるわけもないし、行ってみたらイメージと違う場合もあります。また、球が見つからないなんてことにもなりかねませんから、事故を避けるのならセオリーを守ることです。

グリーンを狙うショットでピンの根元が見えないのもブラインドですが、この場合はピンがどこに切ってあるのかを知ることが大事です。手前なのか、奥なのか、それともセンターなのか。それによって距離が違いますから、きっちりとピンまでの距離を把握した上で打ちましょう。

時間の余裕があるなら、先がどうなっているか見に行くこともできますが、くれぐれもスロープレーにならないよう気を付けてくださいね。

ショートカットが狙えるようなドッグレッグホールは危険がいっぱい。ここは左ドッグレッグだが、狙い目はセンターから右コーナーのあたり。左の林への打ち込みは、大叩きへとつながるので絶対に避けたいところ。

左ドッグレッグで右サイドに打つとスペースは開けている。距離が残ってしまうが、無理にグリーンを狙わず、バンカーにも入らない距離で花道を狙って打つ、ボギーのマネジメントならそう難しくはない。

左ドッグレッグで左のコーナーに打つと、残りの距離は短くなるが、木が邪魔になりグリーン方向は狙えなくなることもある。無理して木の上や下を狙いミスをすると、ダブルボギーも難しくなってしまうだろう。

先が確実に分かっているなら別だが、このようなブラインドホールでは、見えている範囲に打っていくのがセオリーだ。距離を捨てて丘の頂点に打っていこう。常にセーフティにプレーすることを考えよう。

スコアメイクの方程式を覚えなさい
～無理を重ねると流れは逃げていくのです～

「今日はベストスコアを出すぞ！」なんて威勢よくスタートしていくものの、最初の3ホールでつまずいちゃう人ってけっこう多いですよね。いきなりダブルスコアなんかが飛び出てしまうと、半分フテ腐れて「今日は練習だ」なんて言いながら雑にやり出したりして、挙句の果てには2個ずつボールを打ち始める始末……。本当に困ったものです。こういう人に限って理想が高くて、プロのようなゴルフができると思っていたりします。いい球を打ったと思ったから「ナイスショット！」って褒めると、「いや、ちょっとヒール気味なんですよね……」とか「少しイメージと違うんですよね……」なんて渋い顔をするんですよ。

そのイメージが間違ってるから上手くなれないんでしょ、と内心思うんですが、そういうタイプは人の話を聞く耳を持っていませんから放っておきます。こういうゴルファー、けっこう多いですよ。

スコアをまとめるためには自信過剰ではいけないし、自分を過小評価してもいけないんです。できないスーパーショットを思い描いても意味ありません。自分の能力を客観的に把握し、それを最大限に引き出すようにプレーしたいものです。

たとえば斜面からのショットのとき何を考えているでしょうか？　つま先下がりや左足下がりなど、いろんな状況がありますが、多くのアマチュアは上手い下手にかかわらず、どうやったらグリーンに乗せられるのかを考えると思います。しかし左足下がりだとボールは上がりにくいし、ボールが腰の高さにあるようなつま先上がりだとボールを飛ばせません。こんなときでもピンまでの距離を打とうとしているのは下手な人ですね。170ヤードだからといって5番アイアンを持って、トップしたりチョロしたりして「やっぱりダメだったか」なんて言っているようでは上達は望めません。

斜面でも、ラフでも、自分はそのライで何番だったら打てるのか、を考えられるのが上手い人です。斜面が急だから、あるいは、ラフが深いから、9番までしか打てないだろうと判断して9番アイアンで打つ。スコアメイクに必要なのはこの発想なんですね。つねに70台で回るレベルでもない限り、残り距離で番手を選んでいるようじゃダメなんです。

スコアがまとまらない人はとにかく無理をするんですよ。刻んでおけばいいのに、無理やりピンを狙っていって木にコーン！　よく見る光景ですが、わざわざ大叩きへの道を突き進んでいくように私には見えます。たまたま木に跳ね返ったボールが残り80ヤードの打てる場所に残ったとしても、その80ヤードは寄らないんですよ。そこまでにエネルギーを使ってしまっていますから、その1打に集中できずぼやけるんですね。

その一方で、無理をせず残り80ヤードまで運んだ次のショットは寄ることが多い。これがわかるかわからないかでスコアは大きな差がつくんです。

アマチュアだけでなく、ミニツアーの稼げない選手なんかも、前半から無理をして崩れていきます。1日勝負だと、68を出さないと勝てないと思うので、パーが難しくなったときにギャンブルしちゃうんですよ。ところが稼げる選手は前半のトラブルなんか全然平気で、確実にボギーを取りにいきます。するとどうなるか。稼げない選手はパー狙いが裏目に出てダボを叩いたり、そこはなんとかパーで切り抜けても、どこかでふっと集中が切れて叩いてしまいます。一方、稼げる選手は必ずボギーを取り返すバーディが来て、そのまま流れに乗ってアンダーパーをマークします。

これがスコアメイクの方程式なんですよ。経験を積んで覚えていくものですが、方程式の存在を知らなければいつまでたっても覚えられません。というわけで、自分がいいスコアを出したときにどんなプレーをしたか思い出してみてください。そこに必ずヒントがありますよ。

スコアを大きく崩す人は、こういう場面で必ず無理をする。無理に狙って木に当てて、結果はダブルボギー、トリプルボギー。ここは無理をせず、刻んでボギーでOK。流れが来るのを我慢して待とう。

たとえフェアウェイにあっても、左足下がりからは難易度の高いショットとなる。こういう場面で長いクラブを持つのは、自らミスショットを招いているようなもの。無理せず確実に打てるクラブを持とう。

クラブが入っていく方向に芝が寝ているのが逆目。芝の抵抗が大きいので振り抜きが悪くなる。これで球が沈んでいたら、思った距離を打つことはまず不可能。無理せず短いクラブを持つこと。

目標方向に芝が寝ているのが順目。この場合、球が浮いていれば比較的打ちやすいことが多いが、浮きすぎも逆に難しい。もちろん沈んでいたら思った通りに打つことは出来ないので、無理せず短いクラブを使おう。

林の中の処理にこそ実力が出る
～時にはダブルボギー、トリプルボギーもOKと考えましょう～

ゴルフをやっていれば、打ったボールが林の中へなんてことはよくありますよね。アマチュアに限らず、プロでもよくある状況ですが、そこからどうするかが腕の見せ所、というかスコアを大きく左右するわけです。

みなさんは林に打ち込んでしまった場合、まず何を考えるでしょうか？　グリーン方向が開けていればいいな、とか思いながら林に入っていったりしませんか？　それは素人の発想で、プロは「ギブ・ミー・ア・スイング！」つまり「スイングだけはさせてくれ！」と心の中で祈るんです。

なぜかというと、スイングができなかったら始まらないからですよ。クラブを振ることができれば、木と木の間の狭い隙間を通すことができるし、球を曲げることもできます。つまりそれなりのリカバリーはできるので、プロにとってはレギュラースイングができるかどうかが重大問題なわけです。

レギュラースイングができなければ、ハーフスイングはできるのか、それもダメならヒザ立ちで打つしかないのか、左打ちしなければ無理なのか、いろんなことを考えるんですよ。それによってできるパフォーマンスが違ってきますからね。自分ができることの範囲の中から最善の方法を探すのが、トラブルに遭遇したときのサバイバル術なのです。

ところがアマチュアはこれができません。そんな技術もないくせに、狭い隙間を狙って木に当てている人って多いですよね。もしくは、素振りをして枝に当たらないことを確認しながらも、実際に打つ段になると、バックスイングが枝に当たってミスショットしてしまう人もよくいます。

プロでもこういう人はいるんですが、これなどもセルフマネジメントスキルをわかっていない証拠なんですよ。自分がイメージするバックスイングの大きさと、実際のバックスイングの大きさにズレがあるからこういうことが起こるんです。

木に当ててしまうのは、左右のブレもそうなんですが、高さの管理ができていないことが多いですね。方向は良かったんだけれども、球が上がり過ぎて枝に当たってしまうのはよくあることです。これは出球の左右の精度は知っていても、上下の精度を知らないということですよね。

5番アイアンを握って低く出そうと思って打つんだけれども、思った以上に高く飛び出て枝に当たるパターンってけっこう多いです。「うまく打ったのになあ」なんてボヤいたりしますが、出球の管理ができていないのでは意味がないんですよ。それだったらドライバーで打ったほうがとりあえず脱出はできるでしょう。それも自信がないならパターでも構いません。枝に当ててしまったらもう一度林の中から打たなければなりませんから、絶対に球が上がらないクラブで打つことは、ゴルファーにとってマストの選択なんです。

木が密集していて、どこにも出せない場合はどうするの？　と思われる方もいるかもしれませんので、その場合の対処法もお話ししておきましょう。自分の能力では脱出が不可能だと思ったら、アンプレアブルにして打った地点に戻ればいいんですよ。

みなさんどうもこの選択肢を忘れているようですが、林の中で大怪我をして10なんてスコアを叩いてしまうよりは、素直に元の場所に戻って打ち直したほうが得なんです。

そのホールでボギーの設定をしていたとしたら、林の中に入れた瞬間にトリプルボギーに設定し直して、どうしたらトリプルボギーで収まるかを考えてください。

それがゴルフというゲームです。

林に入ってまず考えるのは、スイングができるかどうか。スイングできればクラブを変えるなどして脱出方法を考える。自分の力ではどこにも脱出できないと思ったら、素直にアンプレアブルして元の位置に戻ろう。

残りの距離が短くなるが、グリーン方向に打つのは狭く枝も垂れ下がって難易度は高い。残りの距離は長くなるが、横に出すのはやさしい。自分の技術を考えて選択する。これがセルフマネジメントスキルである。

グリーン方向に打つには枝の下を通さざるを得ない。よくある場面だ。ここで第一に考えなければいけないのは枝に当てないこと。グリーンまでの距離よりも、枝までボールが上がらないクラブを選ぶことが最優先である。

枝の下を通して打つ場合、このように横から見ると球の高さをイメージしやすい。ギリギリの高さで打つのではなく、余裕を持つことが大事だ。必要ならドライバーやパターを持つこと。

バンカーショットの極意は打たないこと

～苦手なら徹底的に避ける方法を考えましょう～

この本を手に取ってくれている読者のみなさんは、少しでもスコアを減らすヒントが見つかればという人たちでしょうから、おそらく「バンカーが得意！」と胸を張る人は少ないことだと思います。

バンカーは嫌ですよね。プロだって寄せワンできる確率は半分ぐらいしかないわけですし、アマチュアにとっては鬼門中の鬼門。脱出するのに何打も費やして大叩き、という辛い経験をしている方は少なくないと思います。

フェアウェイバンカー、ガードバンカー、どちらもやっかいですね。

フェアウェイバンカーはよくダフリますし、ダフるのが嫌でクリーンに打つとアゴに突き刺さったりして……。これが苦にならないようになるのは、かなりの上級者になってからだと思います。

ガードバンカーは、アゴが高いと苦しむゴルファーが増えますね。特に初心者のうちは、練習もしていませんから、バンカーから球を飛ばせませんし、ましてや高さを出すなんてのは不可能。何回打っても出ませんから、そのうちにバンカー恐怖症になってしまって、ゴルフ自体がつまらなくなってしまったり……。こういう悪循環は避けたいですね。

バンカーが苦手なら、徹底的に避けることですよ。絶対に入れないようにプレーするんです。バンカー超えのアプローチが残ってしまったら、「急がば回れ」で横にチョンと打って次打でグリーンを狙うんです。バンカーで2打も3打も打つよりこっちのほうが効率がいいのは言うまでもありません。

それでも入ってしまった場合はどうするか。これもいい方法があって、本当に嫌いだったら1ペナルティ払って元の場所から打てばいいんです。バンカーには打たないで出る方法があることを忘れたらいけません。

バンカーはハザードなんですよ。池と同じなんです。打てるハザードだから事故が起きるわけで、技術的に打てないなら打たないことです。だって、池に入ったら打とうとしないでしょう?

初心者と一緒にラウンドすると、花道からシャンクしてバンカーに入っちゃった、なんてことがたびたび起こります。そのレベルですからバンカーショットなんてできるわけありませんから、バンカーで3度も4度も叩くんですね。挙句の果てに「ギブアップします」なんて。それじゃあ面白くないじゃないですか。

そのレベルだったら、バンカーは池と考えてプレーしたほうがいいんですよ。バンカーに入ったら、アンプレアブルにして同じ場所から打つんです。そうすればバンカーに入れないように気を付けるだろうし、それがゲームなんですよ。初心者のうちは適当に球を打って遊んでいればいい、なんて考えているといつまでたっても上手くなりません。ゴルフ＝「バンカーに入れないゲーム」だと思って楽しめばいいわけです。そのうちにバンカーが少し打てるようになったら、元の場所で打ち直す場合と、バンカーから打った場合とどっちが少ないスコアで上がれるかを考える。それがゲーム的思考です。こういう思考が身に付けば、130も140も打っていたのが、120を切れたりする。賢明なみなさんは、もう理解していますよね。

とはいえ、バンカーショットが上手くなりたいという人のために1つだけアドバイスするとしたら、フルスイングするということでしょうね。下手な人はボールを掻き出すように打とうとしますが、それではヘッドスピードが足りず脱出できません。バンカーショットで高さが出ない、距離が出ないというのは、減速しながら打とうとするからなんです。

ですからバンカーが苦手なら、とにかくフルスイングしてフィニッシュまで振り切ることです。そうすればとりあえず脱出することはできます。

われわれプロがプレー中、フルスイングすることってほとんどないんですが、バンカーではやりますし、目玉になっている場合はマン振りしますね。それぐらい特殊なショットだし、がゆえにマスターするのは難しいわけですから、やはり最善なのは「入れないこと」「無理して打たないこと」だと思います。

バンカーで2回3回と打ってしまいそうな不安があるなら、アンプレアブルして元の位置から打つという選択もある。出来ないことはしない。これがセルフマネジメントスキルであり、そしてスコアメイクの極意である。

スコアを最も減らせる場所はどこだか知っておこう
～不確定要素を排除した攻め方を考えましょう～

ゴルフ場で最も芝が短く刈られているのがグリーンです。グリーン上でボールはスムーズに転がりますから、空中に上げる必要はまったくなく、それゆえにパターという道具でボールを転がしカップに入れようとするわけです。

一方、フェアウェイやラフはグリーンに比べて芝が伸びています。ボールとコンタクトしたときに摩擦が生じて転がらないので、ここではなるべくボールを上げて攻めようとします。

もしコースにラフがなくて、フェアウェイがグリーンのように短く刈り込まれていたとしたらどうしますか？　そう。ボールを上げる必要はなく、ティグラウンドからずっと転がしていけばいいわけです。

当たり前ですが、ここがけっこう大事なところで、スコアを作ることができるゴルファーは、このことが十分わかった上でマネジメントをしてくるものなんですよ。

タイガー・ウッズは小さい頃、カリフォルニア州で行われた10歳以下の大会で60台のスコアをマークしていました。ちびっこタイガーがどんなプレーをしていたかというと、グリーンの外からバーディを狙っていたんです。なぜかというと、まだ距離が出ないし、キャリーも出ないから、直接グリーンを狙えないんですね。だからタイガーはバンカーやラフを避けて、グリーン手前の花道にボールを置いたんです。そしてそこから全力でカップに入れにいった。小さい頃の石川遼君も全く同じ攻め方をしていて、「そうしないとバーディがとれなかった」と遼君は言っています。

ここから大人のゴルファーが何を学ばなければいけないかというと、自分のできないことがわかっていれば、自ずとコースマネジメントは決まってくる、ということです。「キャリーが出ない」「飛ばない」という制約の中でタイガーや遼君が考えたのは、「どこからだったらチップインが狙えるか」でした。そこで導き出した答えが、無理にグリーンを狙わず、グリーンの入り口にボールを置くことだったのです。そこから自分の得意なアプローチでカップインを狙う、それが彼らのプレースタイルであり、アンダーパーをマークするためのベストな方法だったんですね。

このように、コースマネジメントは本来、「このホールはこう攻めるべき」などと誰かから与えられるものではなく、自ずとできるものなんです。プレショットルーティンも同じで、作ったルーティンではダメなんです。ゲームをしていく中で、自然とできあがっていくのが理想なんですね。

ここでなぜ彼らがそういうコースマネジメントをしたかについて考えてみましょう。それは「花道やグリーンは芝が短く刈られているから」に他なりません。短いということは、そこでボールがどういう動きをするかが予測しやすいんですよ。手前でワンクッションさせるとしても、花道とラフでは跳ね方が全然違いますし、芝が長ければ長いほど予測しにくくなります。となればやはり花道という選択になるわけですね。

このようにゴルフは不確定要素をどれぐらい排除できるかが重要で、不確定要素が少ないほど自分の思い通りのゲームができるということです。言い方を変えるならば、ゴルフは芝を短く刈ってあるところにボールを置いていくゲームであるともいえます。

こう考えていけば、グリーンは最もスコアを減らせる場所であることは明白ですよね。初心者は毎ホール3回も4回もパッティングをしますけれど、それを2パット平均で収められるようになるだけで、ラウンドで20ストローク減らすことができます。加えてグリーン周りからのアプローチを磨けば、さらにスコアは減るでしょう。つまり、ロングショットが上手くならなくても、グリーンに絡むショットだけ上手くなれば、それこそ劇的にスコアアップできるというわけです。

グリーンは芝が最も短いというだけでなく、最もお金がかかっている場所でもあります。だからこそ滑らかで、だからこそ予測がしやすい。このことをしっかりと頭に入れてプレーしてくださいね。

銭はグリーンに落ちている！　といっても過言ではないのです。

球の動きが予測しやすい場所にあればあるほど、スコアメイクしやすくなる。それがグリーンであり、花道だ。徹底的に芝の短いところに球を置くことで、ゴルフはグッとやさしくなる。ちびっこタイガーに学ぼう!

パッティング上手はカップの周りに自分の図形を描く

～自分が確実に決められる距離を知りましょう～

ゴルフ場の中で最もお金のかかっているグリーンは、ゴルファーがスコアを最も稼げる場でもあります。ということで、ここでは具体的にグリーンでスコアを減らす方法を紹介しましょう。

なによりも大事なのは、「自分が確実に決められる距離を知る」ということなんです。たとえばカップの下、30センチのまっすぐなラインだったらどうでしょう？ 大抵の人は沈められるんじゃないでしょうか。では倍の60センチは？ それもOKならちょっとフックする60センチは？ ちょっとスライスする60センチは？ こう考えていって、自分がいかなる状況でも100発100中で決められる範囲をチェックしていくのです。

確実に決められる場所をマッピングしていくと、カップを中心にしたよだれかけのような形になるのがおわかりでしょうか？ 上手な人は大きなよだれかけ、下手な人は小さなよだれかけです。どんな大きさでも構いませんが、まずはグリーン上に自分のよだれかけを作ることが重要なのです。

余談ですが、トーナメントで帯同キャディが試合名や選手名が印刷された布をかぶっているのを見たことがあるでしょう。あれを「キャディビブ」というのですが、「ビブ(bib)」とは英語でよだれかけのことなんです。みなさんのバーチャルなよだれかけはちょうどあのぐらいの大きさではないでしょうかね。

さて、よだれかけのような図形をイメージできたら、その範囲にボールがあれば確実にカップインさせられるわけですから、ファーストパットをそこに寄せることを考えればいいわけです。そうすれば2パットで収まりますからね。

アプローチも同じです。グリーン周りに来たら、よだけかけの中にボールを入れればいいや、と考えて打ちます。このように考えると、けっこう寄せワンがとれるものですよ。ツアープロはこういう思考でプレーしているのですが、調子のいい選手ほどよだれかけが大きいし、大きいがゆえに余裕を持ってプレーしているものです。1・5メートルのパットに不安がないなら、相当大きなよだれかけになるじゃないですか。その範囲に入れればいいんですから精神的に楽なんです。グリーンを外してもパーがとれる、という心の余裕がいいプレーを生み、ショットがピンに絡んできます。こういうときは何でもできますね。

ところが生命線だった1・5メートルが入らなくなるとゴルフが壊れてしまうんですよ。カップに近づけないと寄らないと思うからアプローチにプレッシャーがかかりますし、外すとボギーになると思うからグリーンに乗せようとします。するとドライバーを飛ばしたくなって無理をし始め、スイングのバランスを崩す。これが悪のスパイラルですね。

ルーク・ドナルドがヨーロッパとアメリカの両ツアーで賞金王をとりましたが、前年の冬はショートゲームしか練習しなかったそうです。つまり、ゲームを作り上げるベースになるのがショートパットであり、壊れるきっかけになるのもショートパットだということなんです。

ですから、スコアを作ろうと思ったら、最初にやるべきなのはショートパットを磨くことなんです。カップの下から100%決められる距離を把握し、その距離を伸ばしていく。そして同じ距離のフックライン、スライスラインも決められるように練習し、その幅を伸ばしていく。こうすることで確実に決められる範囲が広がっていけば、パット数が減るだけでなく、アプローチ、ショット、すべてが良い方向に転がり始めるのです。

確実に決めることの出来るパットは果たして何センチなのか？　この距離が長くなればなるほどカップを中心にした「よだれかけ」が大きくなり、アプローチをこの範囲に打っていけば寄せワン率が高くなる。

アプローチは「点」ではなく「線」で狙う
～自分が最も寄せられるクラブは何かを知りましょう～

アプローチショットのコツはグリーン上に自分の「よだれかけ」を作り、その中にボールを収めるように打つということはご理解いただけたと思います。

ではどうやったらよだれかけの中にボールを入れられるのでしょうか？　パターを使う？　それもいい方法ですね。ランニングアプローチ？　ゴルフは「ゴロフ」だと青木功プロは言っていますので間違いありません。しかし、パターを使えなかったり、転がすと距離感が出しにくい状況もありますから、一概にどういう打ち方がベストだとは言えません。そういうことよりも、アプローチで最も大事なのは、自分が一番寄せられるクラブは何なのかを知ることなんですね。そしてそのためには、自分がどういう打ち方をしているのかを知っておく必要もあります。

アプローチショットの打ち方は人それぞれ。パターのようにストロークする人もいれば、リストを使ってロブ気味に打つ人もいて、両者では球のスピードや弾道が変わってきます。自分がどのタイプで、打った球はどういう動きをするかがわかっていないと、カップに寄せることはできません。

手首を使わずにアプローチする人はボールが死ぬんですよ。フェースに乗っかるので、球のスピードが遅く、構えたロフトで戻って来るので56度のウェッジで打てばロフト通りに球がゆっくり飛び出します。スピンが急激にかかるわけではないので、落ちてからトロトロと転がるイメージです。

それに比べ、手首を使う人は出球のスピードが速く、打ち出しも低めです。スピンがかかっていますから、ワンバウンドめでキュッとブレーキがかかります。

どちらで打ってもいいのですが、同じ9番アイアンでも強さとか転がりが違うことは知っておかなければいけません。同伴競技者がグリーン周りから52度のウェッジのピッチエンドランでピタリと寄せたとしましょう。じゃあ自分も同じ52度でいいかというと、そうとは限らないということです。

また、レッスン書には「アプローチショットの落とし場所はグリーンから1~2メートル」と書いてありますけど、そうではないんですよ。落ちてからどう転がるかはやっぱり人それぞれ。ショートする場合もあれば、オーバーしてしまうこともある。結局、自分を知らないと上手くならないということですよ。

私自身のゴルフはアプローチが生命線ですが、カップに入る確率が一番高いのが9番アイアンです。球足が長い分だけカップに触る確率が高いから、カップインもあると思って打っているわけです。

同じ状況で青木功プロは5番や7番を使うでしょうが、5番や7番になると、私の場合ランが長すぎて縦の距離が合わなくなります。これが個性なんですね。

このように、自分の個性に合ったクラブ、打ち方をチョイスすればいいのですが、一つだけ言えるのは、やみくもにボールを上げてくるゴルファーは上手くないということです。

われわれプロの世界でも、カップの2メートル以内にキャリーさせて止めるような寄せ方をする選手がいますが、見ていてちっとも上手いと思いませんね。点で寄せてしまうと入る確率が低いからです。プロの場合は半径2メートルからカップにボールが寄っている球を打てるか打てないかが稼げるか稼げないかを決めます。要はラインがイメージできているかいないかなんですね。アプローチは「点」ではなく「線」なんです。

ですからみなさんも、カップ周りのよだれかけにボールを置けばいいといいながらも、点ではなく線のイメージでそこに入れるように打ってくださいい。そうすれば、たまにガシャッ！　とチップインすることもあるでしょう。そういう場面が増えればアプローチが上達した証拠なのです。

自分が一番寄せられるクラブは何なのか？　自分はどういう打ち方をしているのか？　それを知ることがアプローチを成功に導く秘訣だ。まさにセルフマネジメントスキルなのである。

池とのつきあい方でスコアは決まる
～「池に入れるなら早く」というセオリーを覚えてください～

池やＯＢが絡むティショットはとてもプレッシャーがかかるものですが、ちょっとした知恵があれば、たとえミスをしても最低限の傷で済ますことができます。

たとえば関西にゴールデンバレイという難しくて有名なコースがあるのですが、ここは片側が池でもう片側がＯＢというホールが延々と続きます。プロの試合も行われるのですが、コースをよく知らない選手はＯＢを連発してスコアを崩します。

このように、難しいことは間違いないのですが、ちょっと頭を働かせればスコアの無駄使いを防ぐことができます。というのは絶対にＯＢサイドには打たない、というマネジメントをするんですよ。

池とＯＢの大きな違いは、両方とも打数のペナルティがつきますが、ＯＢにはさらに距離のペナルティも加わるということです。池の場合は最後に横切った場所の近く（２クラブレングス）から打てますが、ＯＢの場合は打った場所まで戻らなければいけないんです。どっちが得かというと絶対的に池ですよね。

だからゴールデンバレイをプレーするときは、最悪池につかまってもいいと思って打っていくんです。池は赤杭のラテラルですから、入ったところから3打目を打てます。するとパー4の場合はグリーンに乗せられることも多く、パーセーブの芽も出てくるからです。

ところがOBを打ってしまうとティグラウンドからの3打目になってしまいます。これが曲がらないという保証はありませんから、ティショットでOBを打つと非常に苦しくなってしまいます。だからこその池狙いなわけですよ。

池の入れ方にも知恵があって、なるべくティグラウンドから遠いところから入れるのが得です。左に池がある場合、フェアウエイに打ち出してそこから左に曲がって池に入れば、けっこう距離を稼げるんですよ。ところが池の上からスライスをかけようなどと思って曲がらなかった場合は最悪です。ティグラウンドのすぐ近くが最後に池を横切った地点になってしまいますから、かなり距離の残る3打目になってしまうわけです。

ですから左が池の場合はフック系、右が池の場合はスライス系で打ったほうが、もしも池につかまったときに3打目が有利になるんです。これを知っているといないとではスコアに大きな差が出るのは明らかでしょう。

また、「池に入れるなら早く」というセオリーもあります。どういうことかというと、池に早く入れるほどリカバリーが可能だということです。逆に言えば、後から池に入れれば入れるほど、リカバリーはできなくなり大叩きになってしまうということですね。

ティショットで池に入れた場合、次は3打で、グリーンに乗ることもあるという話をしましたけれども、もし2打目で池に入れてしまうと、次は4打目ですからパーのチャンスはなくなります。よくてボギー、2パットでダブルボギーですね。ですからパー4のセカンドを池に入れるのは避けたほうがいいということです。

パー5の場合も、2オン狙いで池に入るのはOKなんです。次は4打目ですが、グリーンの近くから打てるので寄せワンのパーが可能だからです。しかし3打目で入れてしまうと、次は5打目ですからボギー確定となってしまうのです。

このように、池を怖がっているだけでなく、最悪どういう入れ方をすればいいのか考えながらプレーするのもスコアメークのコツです。

ミニマムの距離を打つことでショートゲームのコツが理解できる
〜アプローチもパターも減速させずに打ちましょう〜

この本では「自分の持っている力をどう使えばスコアを減らせるか」をテーマにお話しししています。そのため打ち方についてはまったく触れていないのですが、スコアメークの要となるショートゲームについてだけは、ちょっとだけお話ししようと思います。

結論から言ってしまうと、減速するな、ということです。クラブヘッドを加速させながらボールをとらえる。これがボールの打ち方の基本中の基本。ドライバーからパターまで同じです。距離が短くなればなるほど、これができていないと誤差を生みますし、ショートパットを減速しながら打ってしまうと「カップに入らない」というわかりやすい結果が待っているわけです。

自分のパッティングの最大飛距離を知っていますか？　という話をしましたが、通常のストロークでボールを遠くに転がすには2つのポイントがあって、まず1つめはパターの芯でヒットすること、そして2つめは加速しながら打ち抜くことなんです。

芯で打つことはパッティング最大のコツで、どんなに良いストロークをしても、芯でヒットできなければまっすぐ転がらないんですね。逆に言うならば、芯で打てさえすれば、多少ストロークに誤差があっても思ったところに転がせます。われわれプロでも「芯で打てたな」と思うのはラウンドで1～2回なので、そう簡単ではないのですが、芯で打つことが大事だということは覚えておいてください。

パターを加速させながらボールをとらえることは、緩みをなくしてくれるので、距離は伸びますし、方向も安定します。いままでのストロークでは30メートルしか転がせず、方向もバラバラだったという人が加速して打てるようになると、距離が40メートルに伸びて方向も安定するわけです。このように、「芯で打つ」「加速する」はパッティングのコツの両巨頭といっていいでしょう。

このコツを自分のものにするにはどうしたらいいかというと、短い距離を打ってみるとよくわかるんですよ。今度は最短距離を打ってみるんです。自宅のパターマットで構わないので、自分にでき得る最短距離を打ってみてください。ただし減速させたらダメですよ。パターを加速させながらとらえ、なおかつボールを飛ばさないように打つんです。10センチ先で止めるとか、できますか？

やってみるとわかりますが、飛ばさないのは難しいんですよ。減速させながらチョコンと当てればできるんですが、それではボールがユラユラと揺れてしまい生きた球にはなりません。加速させながらボールを押せばボールはブレずにまっすぐ転がりますが、短い距離を打つとその感じがつかめてくると思います。手先で打つのではなく、丹田で打つ感じとでもいえばいいでしょうか。

この感覚をつかめばしめたもので、ショートパットに不安がなくなるでしょうし、ロングパットの距離感も合ってきます。それは緩みがなくなるからで、「緩み」がパッティングの最大の敵だということも理解できると思います。これはアプローチでも同じで、緩みが大敵。加速しながらボールをとらえると面白いように寄るようになります。

アプローチはサンドウェッジでキャリー1ヤードを打てるように練習してください。狙いはミニマムのパッティングと同じですが、ボールが転がるパターと違い、ウェッジショットはクラブを減速させるとチャックリになってしまうので、加速の必要性とメカニズムをより理解できると思います。

Column
一流プレイヤーの我慢力は、自己管理能力のバロメーターである

ボールは曲がる、何故ならボールは丸いから。理屈はわかっているのに、ボールが曲がれば悔しいし、イライラして我慢することができない。理不尽なボールの跳ね方などもある。でも、最悪の状況というのは、誰でも、一流のプレイヤーでも必ず起こりうるのです。『事件です！』。解説で私はよくこの言葉を使います。まさにプレイヤーにとってボールが曲がることは意識しているのですが、ゴルフ場は凸凹やたくさんの障害物があり、林や池やＯＢへ飛んで行ったりします。そんな時、選手は『頼む、スイングさせてくれ！』っと叫びます。スイング出来る状況であれば、何かする手立てがあるという事なのです。

選手たちを泣かすには打てる状況を極限までに削ぎ落とす。メジャーの舞台になるコースでは、意図的にこのような状況を作り出します。こうなると、本書のテーマである「自己管理能力」が必要となるのです。優勝する選手、好スコアを叩き出す選手に共通するのは、自分を知り、その中で最大限の力でゲームを運ぶという事。トラブルになった時に、逃げ＆攻めがはっきりしている、そして我慢できるという事なのです。

第3章

ケーススタディで覚えるマネジメント

コースに出ると、実に様々なホールと出会います。
ハザードに囲まれた見ただけで難しいと感じてしまうホールや、
一見すると短くてやさしく思えるホール等々。
ここでは様々なホールのマネジメントを考えてみましょう。

ティグランドの前が池の場合
～長いクラブは禁物、確実に池を越せるクラブで打つ～

ティグラウンドの前に池（もしくは谷）が広がっているというのは、アマチュアにとって最も嫌な状況だと思いますが、お約束のように池に入れてしまっているようでは、スコアアップは望めません。

ドライバーでチョロをする可能性があるのなら、絶対にドライバーを振らないことです。ならスプーンで、というのもバッドチョイス。長いクラブの精度が悪いゴルファーは選択肢から外すべきです。

この状況で大切なのは、何ヤード打てば池を飛び超えられるかということで、それが100ヤードなのか、120ヤードなのかをまずは把握しましょう。たとえば100ヤード打てば池を超えられるというのなら、確実に100ヤード以上のキャリーを出せるクラブで打つのが正解です。9番アイアンならまずダフったりトップしたりしないというのなら、9番アイアンで打つんです。少しでも距離を稼ぎたいという気持ちになるもののですが、7番アイアンだと薄く当たることもあって、その場合100ヤード以内に落ちるというのなら、迷わず9番アイアンですね。

池超えのティショットは「池を超える」というミッションをクリアしてから、次のことを考えるようにしましょう。

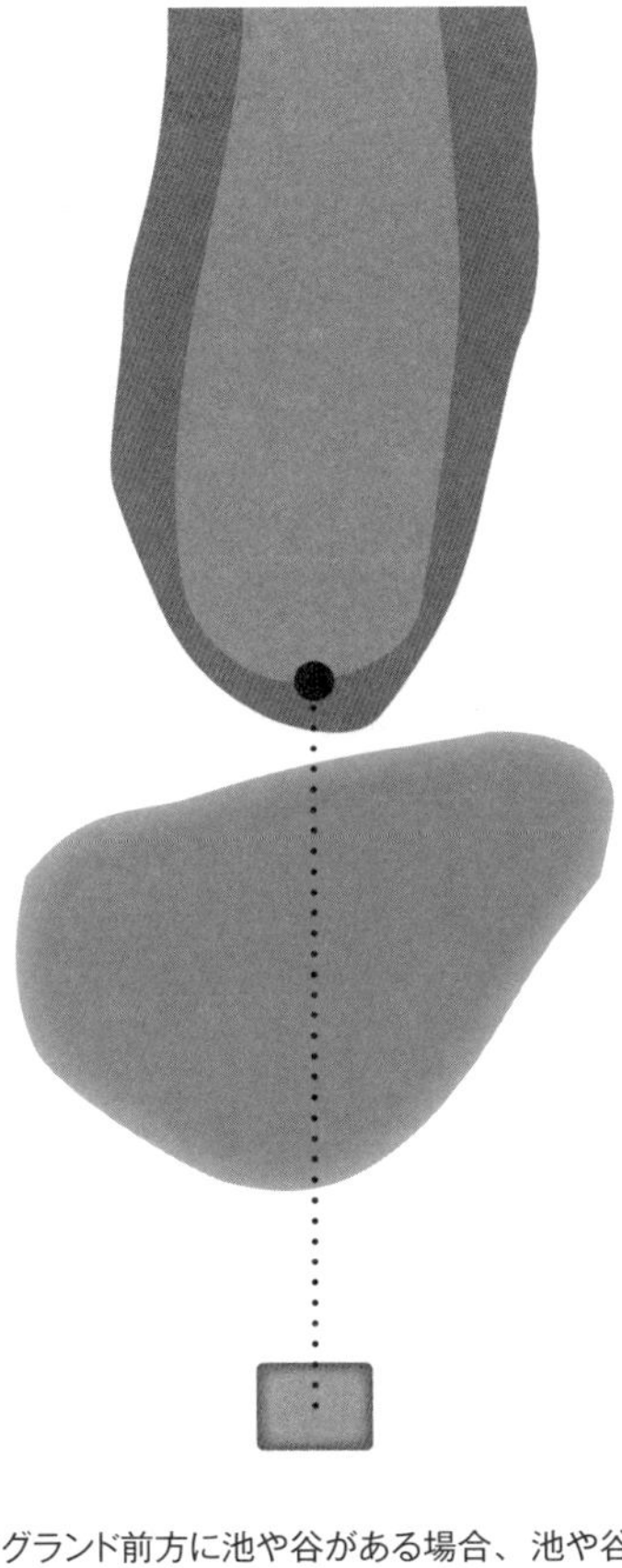

ティグランド前方に池や谷がある場合、池や谷を確実越えるために必要な距離を考えよう。そしてその距離を確実に打てるクラブを選択する。ここで距離を欲張りミスショットするのは大叩きにつながる。

ホールの右もしくは左に池が続く場合
～右に池ならショートアイアン、左に池ならロングアイアン～

　ホールの右サイドが池もしくはOBで、ティショットが右に飛ぶとつかまってしまう状況というのは、初心者にとっては非常に辛い状況です。

　この場合はもちろん、絶対に右に打たないというマネジメントをするのですが、それにはロフトのあるクラブで打つのがシンプルかつ効果的な作戦でしょう。なぜならロフトがあるほど左に飛びやすいからです。でもドライバーじゃ怖いから5番アイアンで、なんていうのはダメですよ。最近の5番アイアンはロフトが立っていますからね。ここは7番アイアンあたりで確実に打つのが賢明です。

　逆に左サイドが池という場合には、つかまらないクラブで打ちましょう。つかまらないクラブといえばロングアイアンですね。4番アイアンや5番アイアンは球がつかまりにくいので、引っかけることはありません。このようにロフトのあるクラブはつかまる、ロフトのないクラブはつかまらないと覚えておけば、右もしくは左にトラブルの待ち受けるホールでの大叩きを回避できるでしょう。

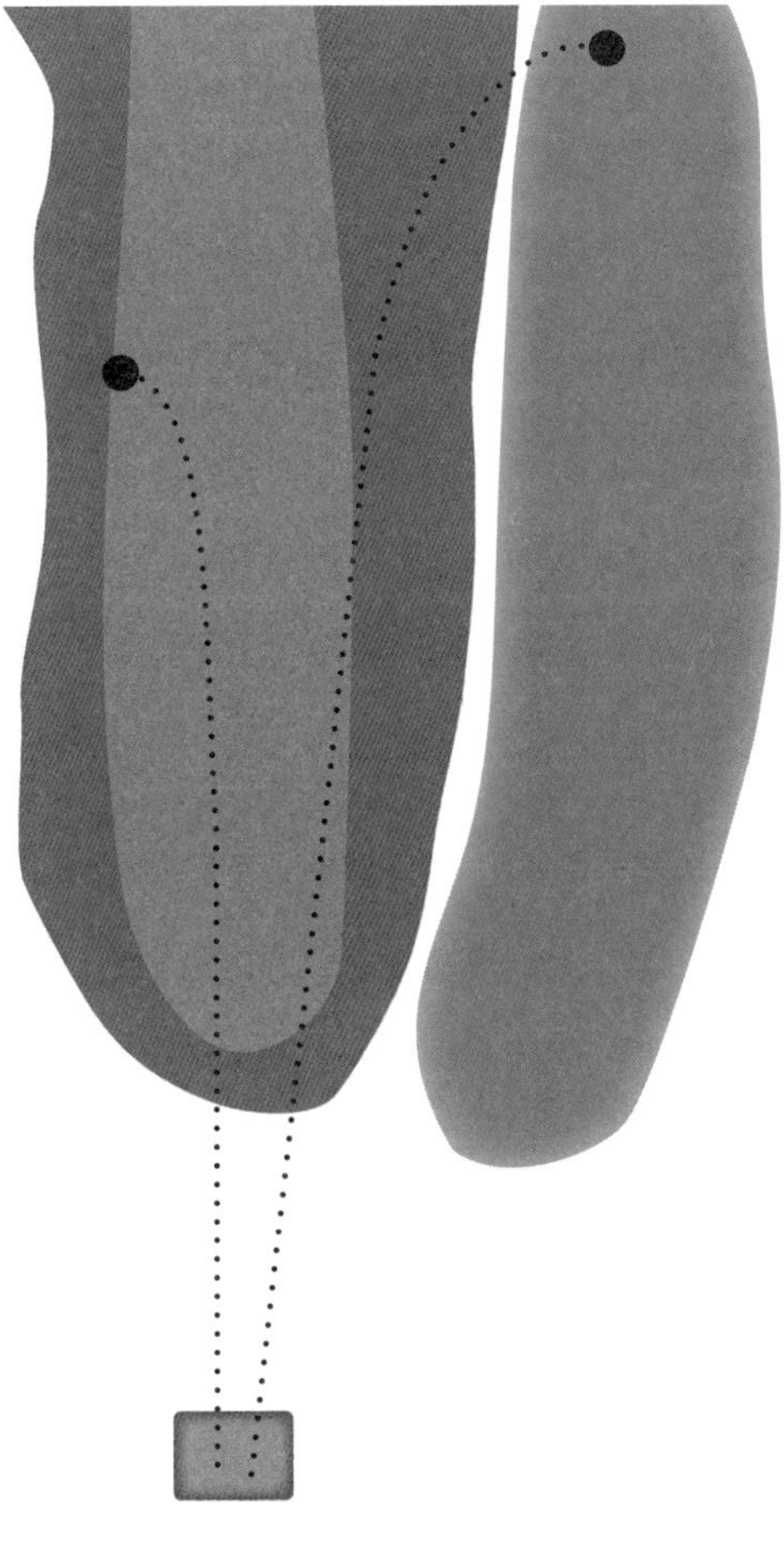

左に池が続くときはロングアイアンを持ち、右に池が続くときは逆にショートアイアンを持つ。これは引っかけやすいショートアイアン、右に行きやすいロングアイアンの特性を利用した、池を徹底的に避けるマネジメントだ。

グリーンの手前が池の場合

~池を越えられる距離をキャリーでクリアできる番手で打つ~

グリーンの手前が池でガードされているホールはプレッシャーがかかるものです。パー3に多いですが、意識し過ぎて池にポチャリというのはよくあるパターンですね。

このようなホールの場合、アベレージゴルファーにとって大事なのは、ピンまでの距離ではなく、池を超えるための距離です。何ヤード打てば池を超えるかを正確に知り、それをクリアできるクラブを持つことが池を回避するためのマネジメントになります。

ピンまでの距離でクラブを選ぶと、池を超えるキャリーをクリアできない場合があるので気を付けてください。たとえばピンまで130ヤード、池を超えるまで110ヤード必要だという状況で8番アイアンを選んだとしましょう。このときノーマルな8番アイアンの弾道が、キャリー100ヤード+ラン30ヤードだとしたら池につかまってしまうということです。こういう場合は番手を上げて、7番もしくは6番で打つことがスコアメイクのコツ。グリーンオーバーしてしまうかもしれませんが、池に入れないというのが最優先事項ですから、このマネジメントでいいわけですね。

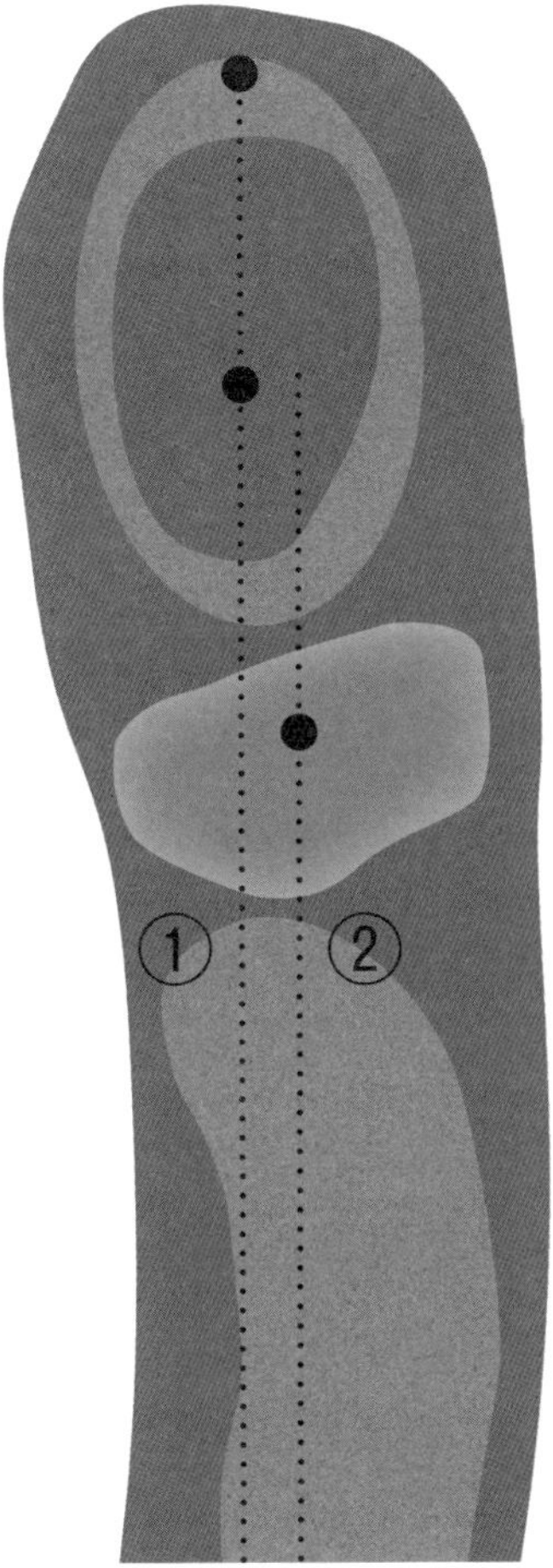

①は池を越える距離 130 ヤードをキャリーで打った場合。②はキャリー100 ヤード+ラン 30 ヤードで打った場合。②は当然池に落ちてしまう。池越えを打つ場合はキャリーで考えること。奥へ行っても OK と考えよう。

グリーンの右手前が池の場合
～池に届かないクラブで打ち、アプローチで勝負する～

池につかまるパターンで最も多いのは、グリーンの右手前に池のあるホールではないでしょうか。なぜなら、球がつかまらないとボールはターゲットの右手前に飛ぶからです。設計者はそれを見越して右手前に池やバンカーといったトラップを作るわけですが、これを避けるには「グリーンを狙う」という発想そのものを変える必要があります。グリーンを狙ってしまう以上は右手前のリスクは絶対に避けられませんから、「グリーンに乗せない」というマネジメントをするわけですね。

たとえばピンまで140ヤードで、グリーンのフロントエッジまでが120ヤード、右の池まで100ヤードだとしましょう。こういう場合はグリーンまで届かないだけでなく、池に届かないクラブで打つのが正解です。つまり90ヤード打っておいて、次のアプローチで勝負するのです。

スコアがまとまらないのは、何も考えず140ヤードを打とうとして池に入れたり、池に入らないまでも左のバンカーにつかまる人です。少しでも池が嫌だなと思ったら、池に届かないクラブで打つ勇気を持ってください。それが上達への道でもあります。

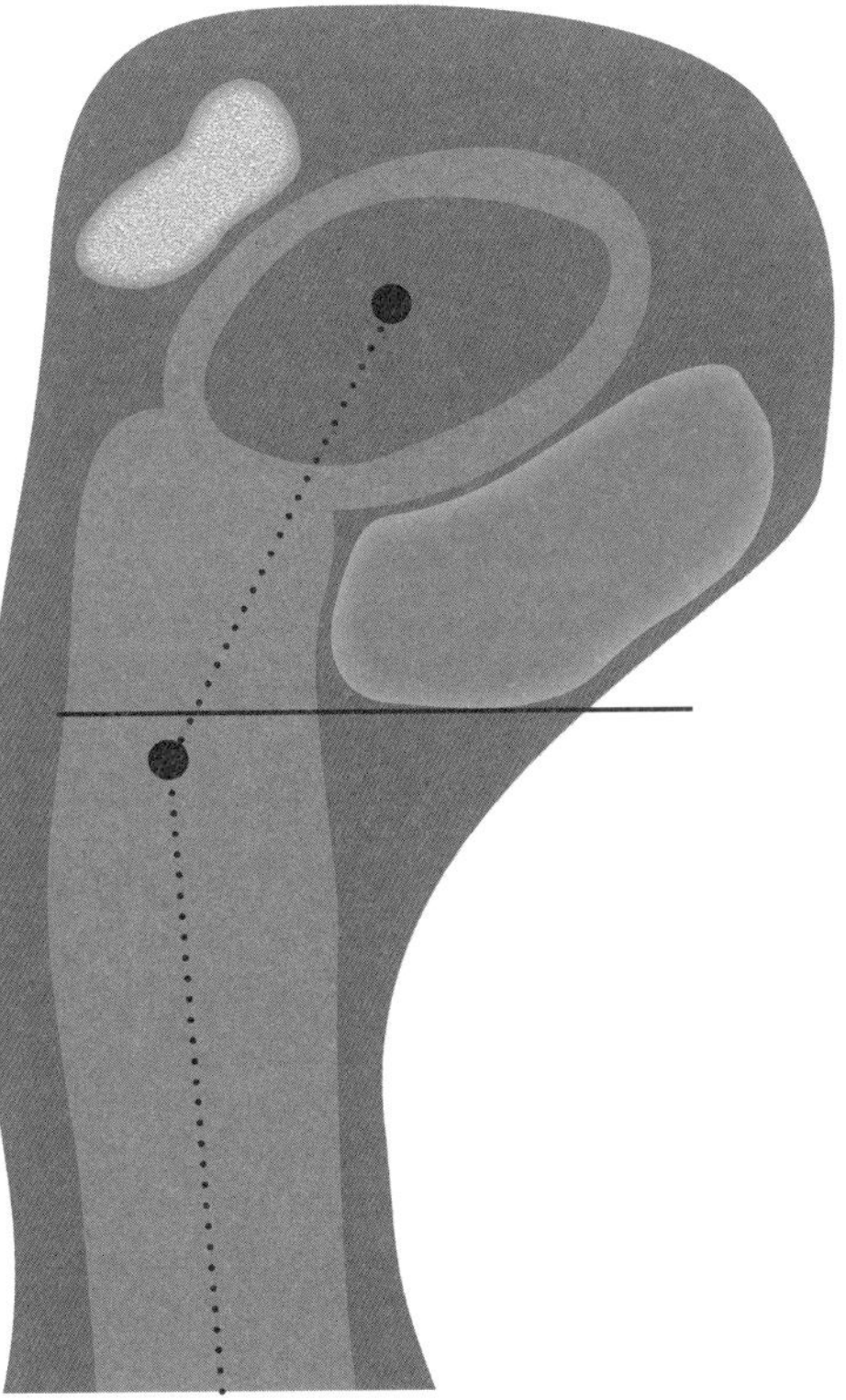

右手前に池。アマチュアがよく入れてしまうシチュエーションだ。絶対に入れたくないと思ったら、池に届かないクラブで打つこと。もちろんその際は、ギリギリではなく余裕を持って届かないことが重要。あとはアプローチで勝負

グリーンの左サイドが池の場合
～グリーン手前の花道にボールを置く～

グリーンの左サイドに池があって、池が斜め後ろに伸びているホールはよくありますが、これも池につかまりやすいレイアウトです。つかまったボールは飛ぶしフックがかかりやすいので、グリーンの左奥に飛ぶからです。つまりつかまらなかったときの右手前、つかまったときの左奥、この2か所がミスしたときにボールが飛びやすい場所であり、そこに設計家は池やバンカーを造るわけです。

さて左サイドの池ですが、同時に右サイドにバンカーを造る場合が多いので、バンカーも苦手というなら、グリーンに届かないクラブで打つのが正解でしょう。右からのアプローチだと、トップでもしようものなら池まで転がってしまいますが、グリーンの手前にボールを置いておけば、そこからのアプローチは池がかからないので安心して打つことができます。闇雲にピンに近づけるだけがマネジメントではありません。たとえパー3であっても、当たり前のように40～50ヤード残せるようになれば、スコアはぐっとまとまるようになるでしょう。

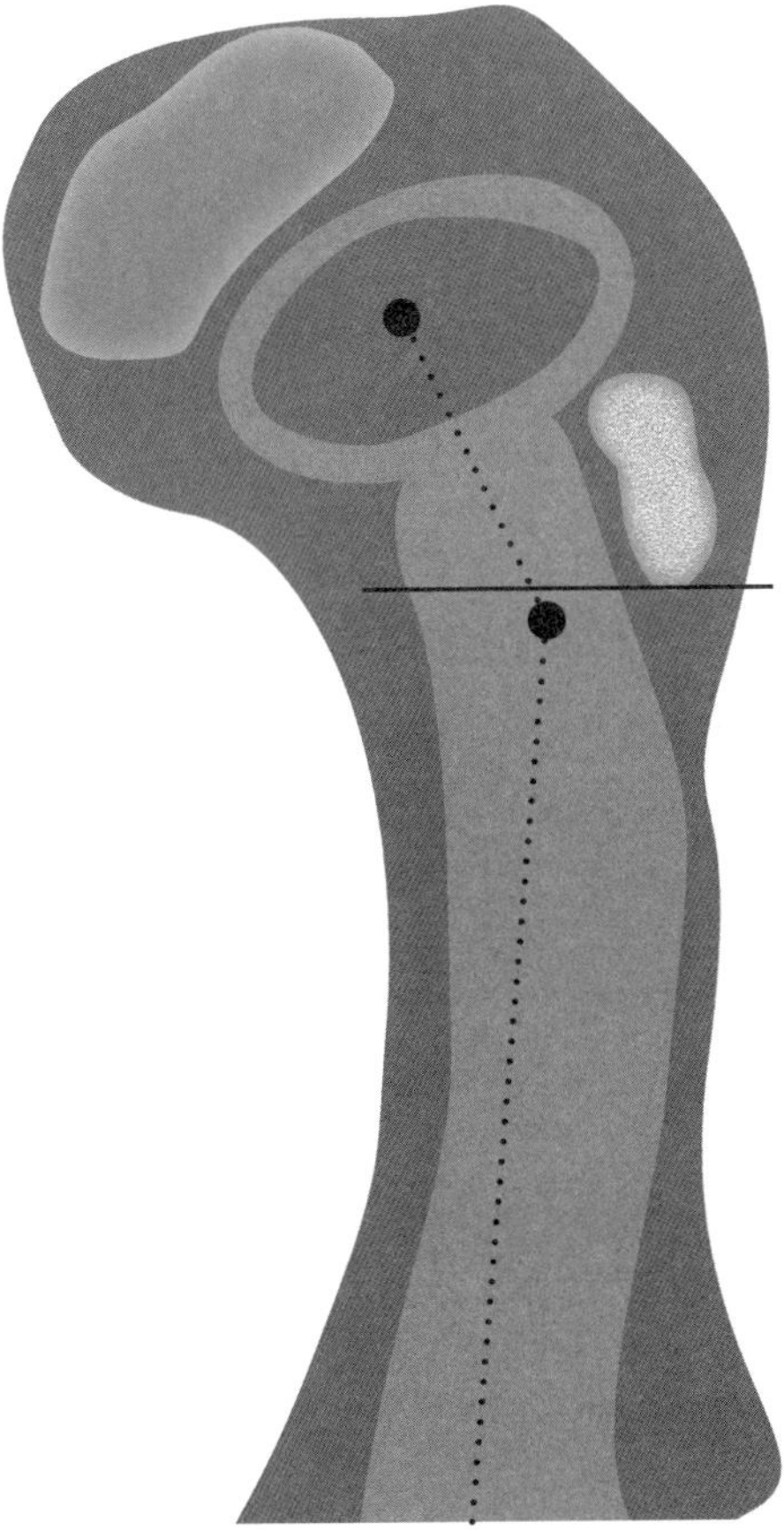

左奥が池の場合、ピンまで打ったボールがフックになると、飛びすぎて池に入る可能性がある。絶対に池に入れたくないのなら、右手前の花道を狙ってアプローチで勝負する。もしバンカーがあるなら、そこまで届かないクラブを持つこと。

左右がOBのホールの場合
～地面に早く着地させることを考えよう～

左右がＯＢのホールはプロや上級者でもプレッシャーがかかります。片方が池ならば池のあるサイドに向かってアドレスをとり、最悪池でもいいや、と打つことができますが、左右がＯＢだとそうもいかないのでやっかいです。

当然刻むべき状況ですが、中途半端はダメです。ドライバーだと怖いからスプーンで、なんていうクラブチョイスは最悪。絶対に曲げない自信のあるクラブで打ちましょう。7番アイアンでもいいし、ピッチングウェッジでも構いません。狭いホールは距離が長いということはあまりないので、とりあえず１００ヤード打てればパーやボギーであがるチャンスは出てくると思います。

打ち下ろしの場合は倍曲がると考えてください。打ち下ろしのショットは着地するまでの時間が長いので、それだけ曲がる可能性が高いのです。

曲げたくない場合のポイントは早く地面に着地させることで、場合によってはパターで転がすというのも選択肢に入れておかなければなりません。

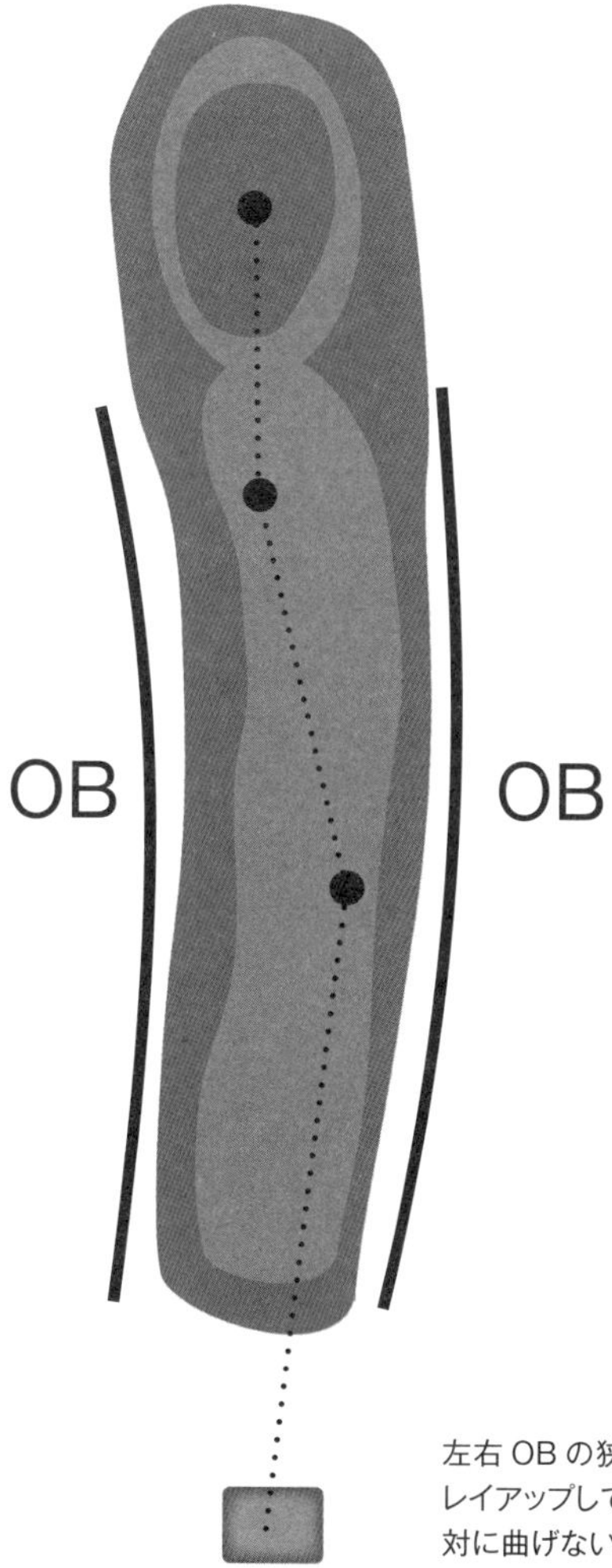

左右 OB の狭いホールは思い切ってレイアップしてみる。優先順位は「絶対に曲げない自信のあるクラブ」。距離を欲張るのは厳禁だ。

プレーラインに木がかかるホールの場合
～いつ最高到達点に達するかをイメージしながら打つ～

プレーラインに木がかかるホールをどうプレーするかですが、木はけっこうなペナルティなので油断は大敵です。

池やOBは平面的なゾーンとしてプレッシャーをかけてきますが、木には「高さ」という要素が加わります。くっついてしまえばスイングできませんし、打ちたい方向を遮られてしまうと、上を超えて行くのか、下を行くのかというチョイスを迫られるわけです。

オーガスタのアイゼンハワーツリー（※）のように、ティショットを邪魔する木の場合は、技術的に可能なら曲げて回避したり、高さを出して上からクリアするということになりますが、アベレージゴルファーが長いクラブで無理をするとトラブルになるので、次打が打ちやすい場所にレイアップするか、距離は捨てても高さをクリアできるクラブで打つのが賢明でしょう。

木を越える場合は、自分の弾道の最高到達点だけでなく、いつ最高点に達するかを知っておかなければなりません。高さはクリアできても、木に近ければ最高点に達する前に当たってしまいますから、自分が打とうとしている弾道の軌跡を明確にイメージすることが大事です。

※2014年2月の降雪によりひどく損傷したために、残念ながら伐採された。

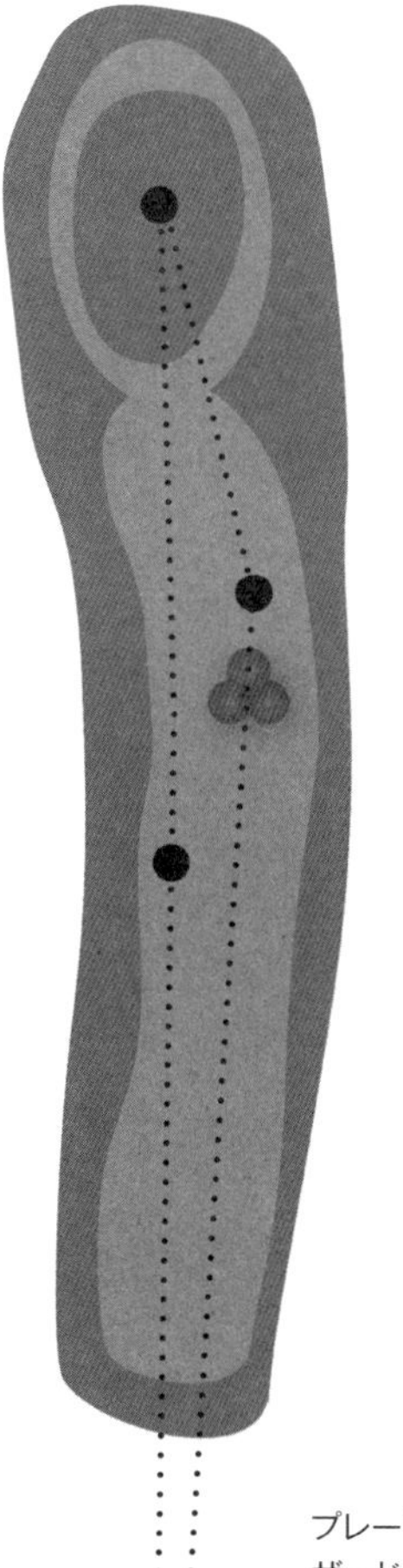

プレーラインにかかる木はハザードと同じ。処理を間違えると大叩きにつながる。木を越える自信が無ければ、打ちやすいところにレイアップするのが賢明だ。

砲台グリーンの場合
～サンドウェッジを使える場所までボールを運ぶ～

砲台グリーンはこれから上達するという発展途上のアマチュアにとって鬼門でしょう。球を上げないとピンに寄りませんからね。

設計家が砲台グリーンを造るのは短いパー4か、2つで届かないパー5であることが多いのですが、これは短いクラブで打てるぶんグリーンを砲台にして、難易度を高めているということなんです。

もし球を上げることが苦手というならば、最も高さの出せるクラブであるサンドウェッジで打つ状況を作り出すことが賢いマネジメントでしょう。無理に長い番手で打って、手前の斜面に突き刺さったり、グリーンオーバーしてしまうと大怪我のものです。無理をするよりは、サンドウェッジを使える平らな場所までいったん運んでから、満を持してサンドウェッジを使うという攻め方をしてみてください。こういうときのために、ふだんからサンドウェッジで50～60ヤード打つ練習をしておきましょう。

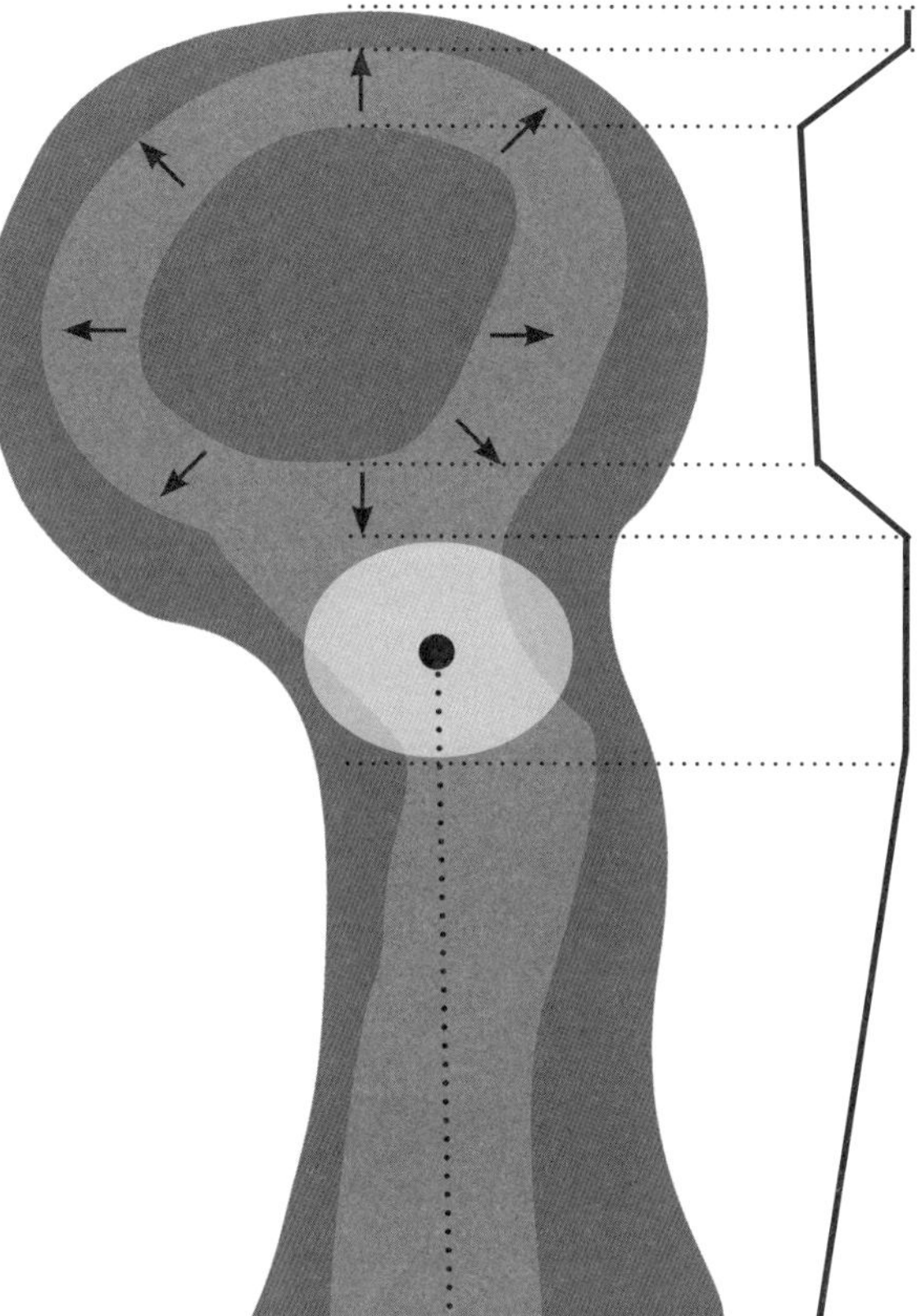

砲台グリーンの花道には、たいていフラットな場所があるものだ。グリーンを直接狙って予期せぬミスが起こるよりも、このフラットな場所にレイアップして、サンドウェッジでアプローチするのが賢いマネジメント。もちろん、サンドウェッジの練習はしっかりとしておこう。

距離の短いパー3の場合
～コースに仕掛けられた罠を探し、それを避けて打つ～

意外に気を付けなければならないのが距離の短いパー3です。罠があるから短いのであって、思わぬ大叩きをする場合があるからです。

たとえばオーガスタナショナルの12番ホールなどが典型的なパターン。このホールは155ヤードぐらいしかありませんが、グリーンの奥行きが10ヤードほどしかなく、なおかつティグラウンドに対して45度傾いている「レダン」というタイプのホールで、グリーンに止めるのが非常に難しくなっています。風を読むのも難しく、世界のトッププレーヤーでも簡単に池につかまってしまいます。

ですから短いパー3に来たら、どこに罠があるのかを探すことです。ボールが飛びやすいところに池やクリークがあったり、グリーンの傾斜がきつくて寄らない場所があったりしますので、その罠にハマらないようにプレーしてください。ふだんから130ヤードをたくさん練習しておくと、こういうホールに来たときに役に立ちますよ。

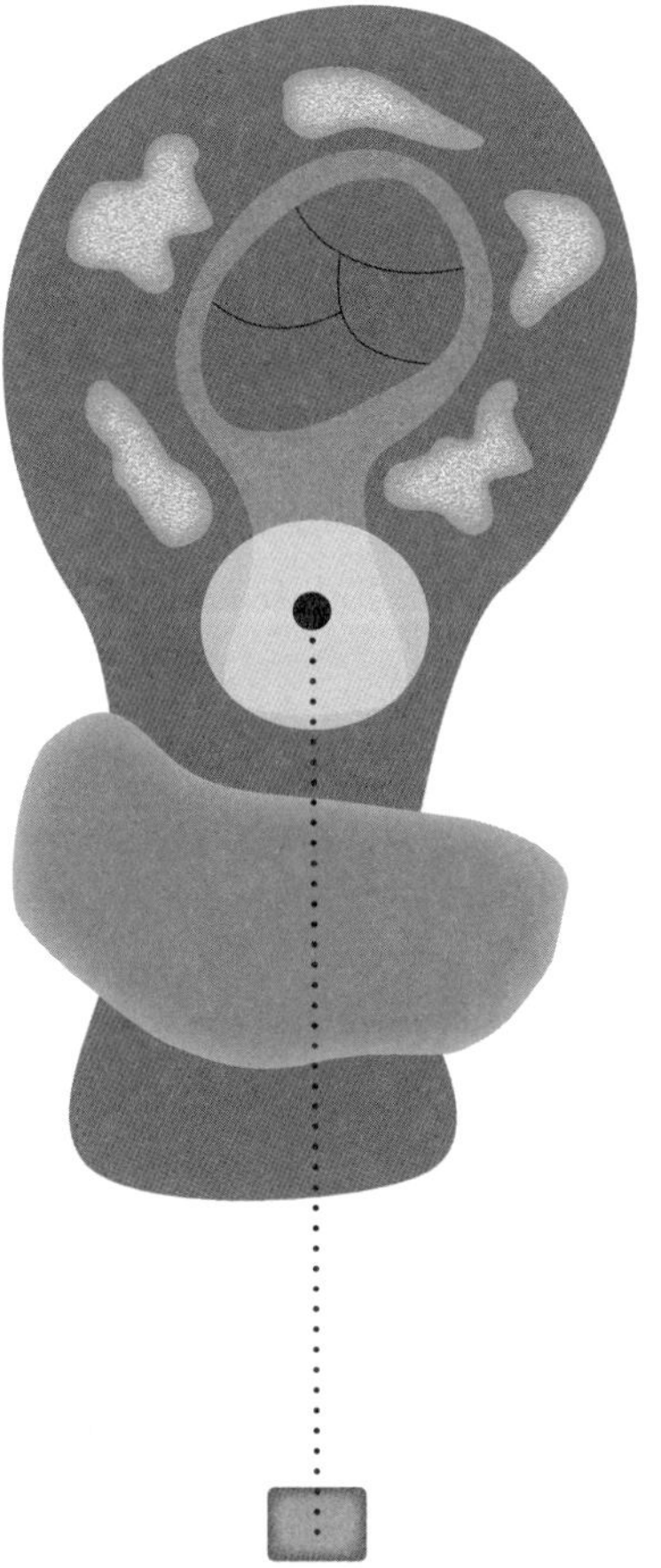

短いパー３には、ハザードやグリーンの傾斜など、必ず罠が仕掛けられている。ティグランドに立ったときにその罠を探し、確実に避けるところに打とう。短いからと言ってピンを狙うと思わぬトラブルになる可能性が高い。

距離の短いパー4の場合
～確実にフェアウェイをキャッチできるクラブで打つ～

短いホールと長いホールにはそれぞれ、設計家がゴルファーに求めているものがあって、短いホールは正確性、長いホールは距離を求めているわけです。

なので短いホールはティショットの狙い目が狭かったりグリーンが小さかったりと、すべてのターゲットが小さくなっているわけですね。一方、長いホールはターゲットを求めていませんから、フェアウェイが広かったりグリーンに奥行きがあって、長い番手で打ったショットの縦の誤差を許容するようになっているのです。

となれば短いパー4で採用すべきマネジメントは明確で、距離よりも方向性を重視することです。一見ドライバーで気持ちよく打てるように見せながらも、どこかに罠を作っていることが多いので、それを警戒しつつ確実にフェアウェイをキャッチできるクラブで打つのがセオリーです。

セカンドショットも、プレーを終えて振り返ってみたら実は傾斜がきつかったというように、目の錯覚を利用してミスショットさせようという場合も多いので、状況をしっかりと見極めた上で打つようにしましょう。

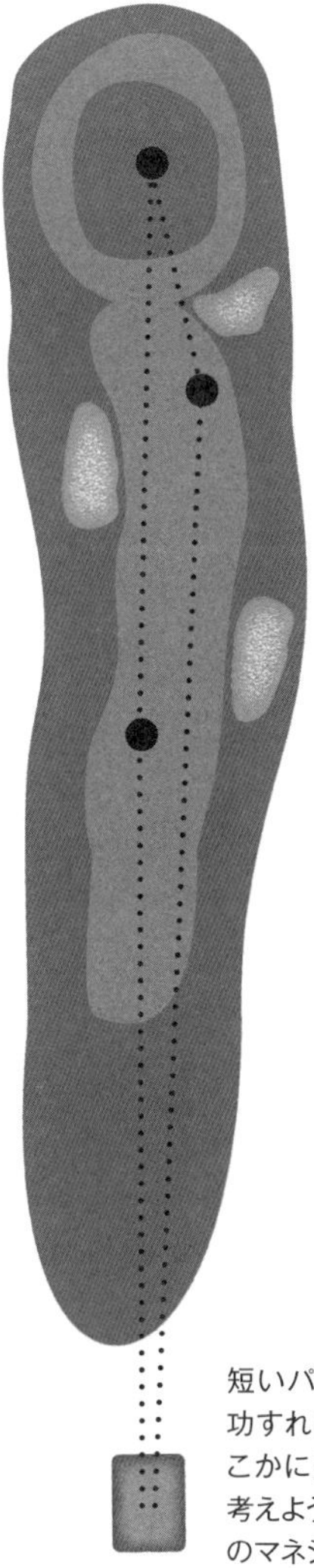

短いパー4は、ティショットが成功すれば2打目が短くなるが、どこかに罠が仕掛けられていると考えよう。距離よりも方向性重視のマネジメントを心がけること。

距離の短いパー5の場合
～2オンが可能なら、恐れず狙っていこう～

設計家がパー5に込めた意図はグリーンの大きさを見れば一目瞭然です。すなわち、小さなグリーンの場合は3打で乗せるように造っていますし、2オンできるようなホールは、グリーンは大きいけれども、手前に池やクリークが造ってあることが多いんです。これは良いショットには報酬（リワード）を、悪いショットにはペナルティ（リスク）を、というゴルフコースの基本的な設計理念によるもので、パー5に限らず、あらゆるホールでこの「リスク&リワード」というコンセプトが貫かれているものです。

さて、短いパー5でティショットが成功した場合ですが、池の危険性があったとしても、2オンを狙えるなら狙ったほうがいいと思います。トム・ワトソンが「狙えるパー5を狙わないほど愚かなことはない」という言葉を残しているように、恐れすぎはいけません。刻んで次の3打目で入れてしまうと大叩きになってしまうので、2打目でトライするべきなのです。もし池につかまってもグリーンの近くから4打目を打てるのでまだパーのチャンスは残りますからね。

「池には早く入れろ」。この言葉をよく覚えておいてください。

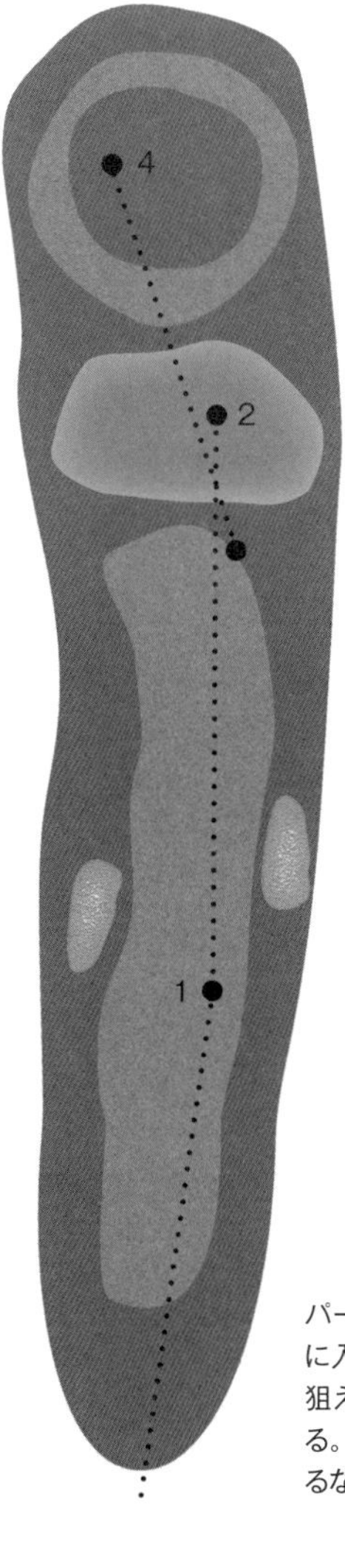

パー5の2打目でグリーン手前の池に入れた場合、4打目でグリーンを狙えるのでまだパーの可能性はある。リスクはあってもチャンスも残るなら狙うべきだ。

Column

多くの事件が、あなたのゴルフを成長させる

様々な場面に遭遇することが、スコアを縮める大きな要素になります。試合経験という言葉をよく耳にしますよね。『場数を踏む』『習うより慣れろ』など、日本には素晴らしい言葉がありますが、事件の回数が多い選手ほど、トラブルからの回避が非常に上手い。世界一のタイガー・ウッズもジャンボさんも、飛ぶ選手は左右にもよく飛びます。そうです曲がるのです。そうなれば林の中、隣のコース、崖の下などの、フェアウェイから遠く離れた場所からグリーンを狙う作業が多くなるのです。でも彼らのイメージは？　何処からでもグリーンに乗せてきますよね。

何故か？　答えは簡単で多くの対処法を知っているからです。ボールの置かれてい状況を瞬時に判断し、自分管理能力の中から対処法を引き出し、選手に与えられている時間内で打ってくる。その時に必要なのは、自分の引き出しに何が入っているか。凄いトリックショットは必要ありません。自分の各アイアンの打ち出しの高さ、ハーフスイングでの距離、キャリーとランの比率など、簡単な練習で理解できるショットで良いのです。是非、ショットの引き出しを増やしてください

第4章

ツアープロの攻略ルートに学ぶ

ここまで、自分の可能性を知り自らをコントロールするセルフマネジメントを、どうすればコースマネジメントに生かせるかを考えてきました。

最後はツアープロがトーナメントの名物ホールをどう攻略するのか見てみます。

ここからも学ぶことがたくさんありますよ。

名古屋ゴルフ倶楽部　和合コース
1番ホール
（中日クラウンズ）

和合の1番は攻め方に個性が出るホールで、飛ぶ選手は左のグリーンめがけて1オンを狙って打ちますが、ユーティリティやショートウッドでフェアウェイ右サイドのバンカーの横に置く選手も多いんです。バンカーの上に打って残り80ヤードぐらいまで運ぶ選手も少なくないですね。このように攻め方に差が出るのは、残り50ヤード地点にあるバンカーが効いているからで、ここに入れてしまうと難しくなります。ですからこのバンカーに入らないようにティショットを打つわけです。キャリーで超える選手は1オン狙いですし、ジャストの距離ならスプーンで打ってバンカーの先に落とし、斜面を使ってフェアウェイに運びますね。

このホールは全体的に右に傾斜していて、地面に落ちたボールはもれなく右に持っていかれます。グリーンも奥に向かって下がっているのでセカンドショットが非常に止まりにくいですから、フェアウェイから打つというのがマスト。ボールがよく行く右のラフからだとバーディはおろか、パーをとるのも厳しくなります。

飛距離の出ないアマチュアの場合は、右への傾斜を使うことが有効な攻め方でしょう。左のバンカーを避けながらティショットをフェアウェイに置いたら、無理にグリーンにキャリーさせず、左サイドに落として花道に持っていくことです。そこから転がして寄せればパーも夢ではありません。

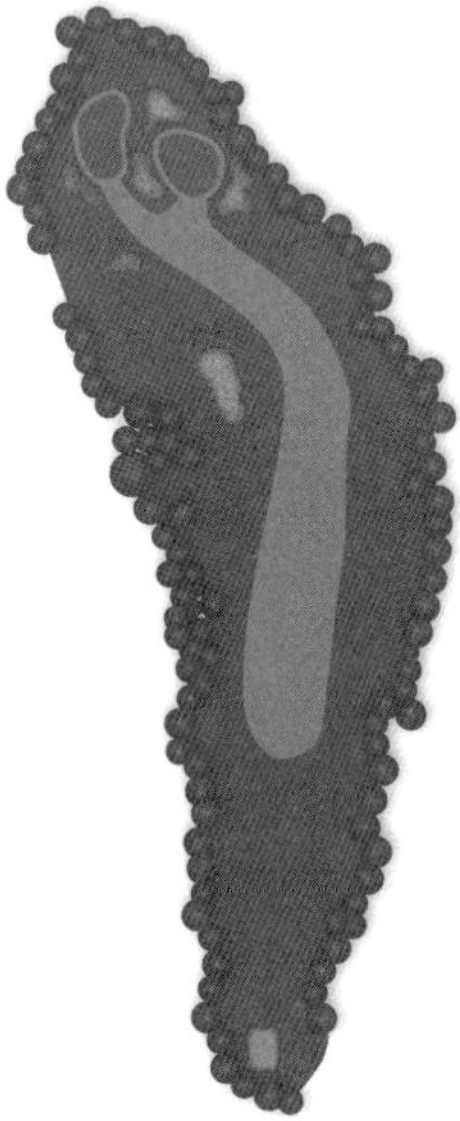

名古屋ゴルフ倶楽部 和合コース
1番ホール
370Yard　Par3

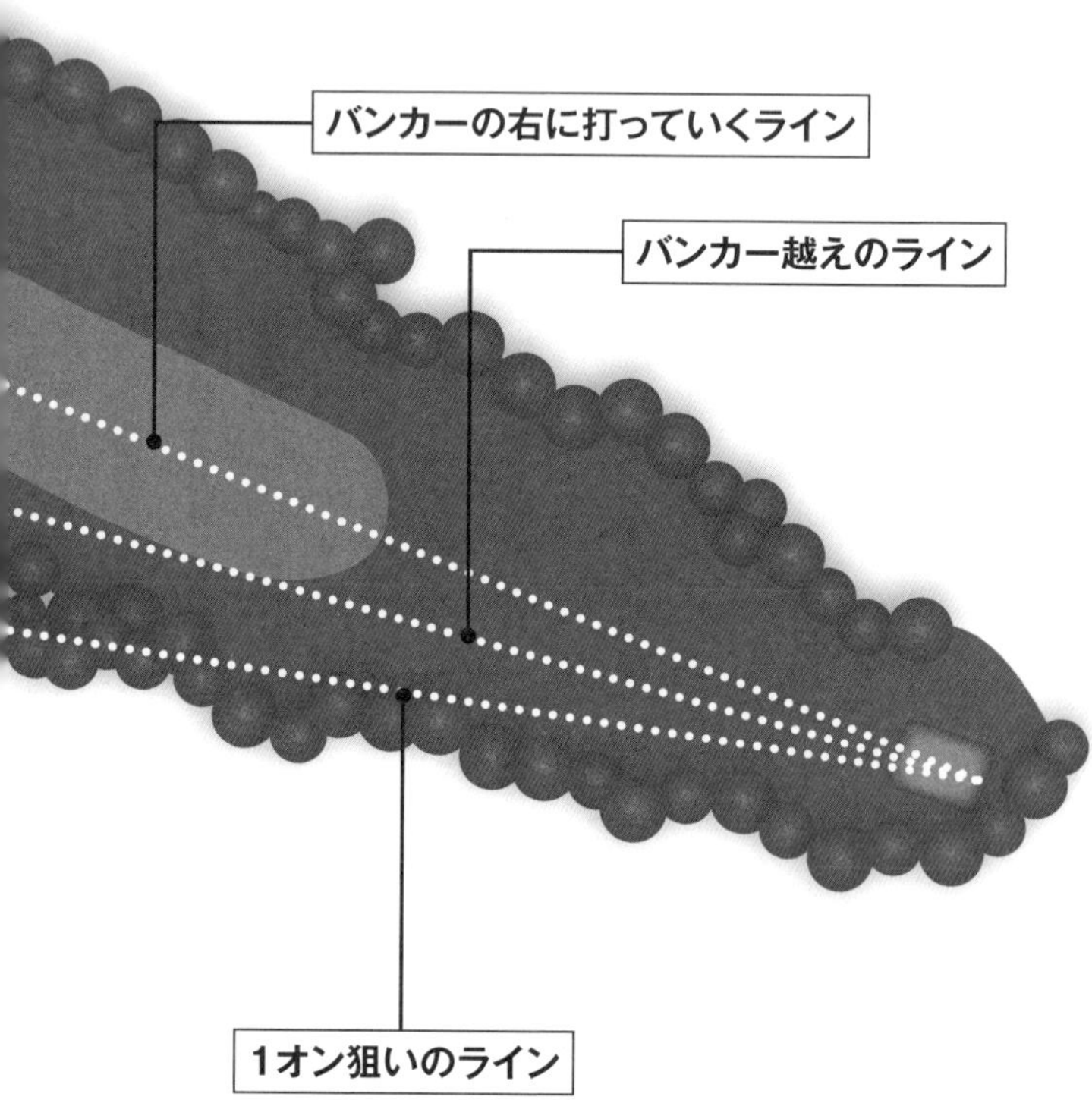

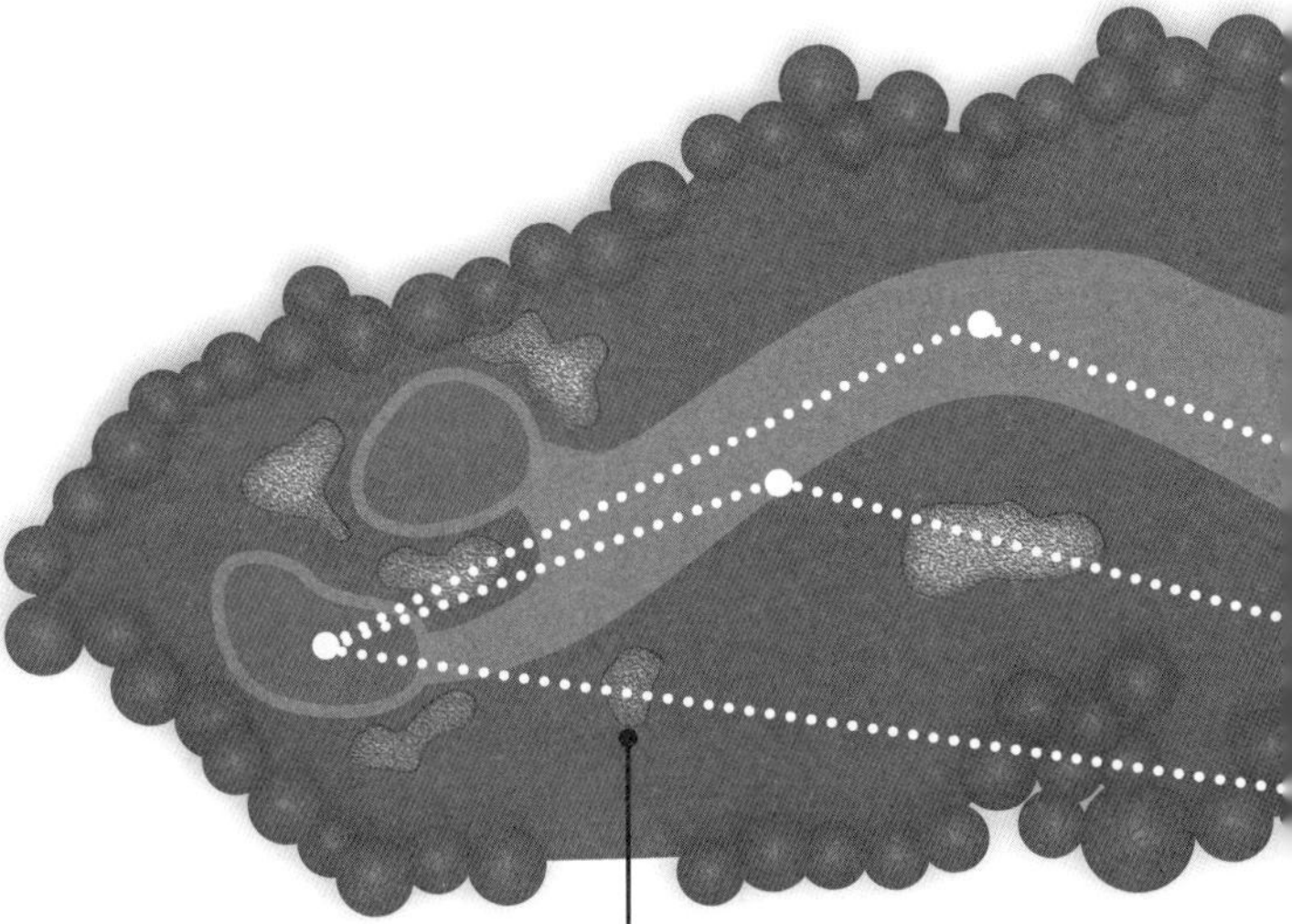

入れてはいけないバンカー

ロングヒッターは1オンを狙っていくホール。しかし数年前にそのライン上にバンカーが作られて、1オンの難易度が高くなった。2オン狙いは2打目に残す距離で狙うラインが変わってくる。

札幌ゴルフ倶楽部 輪厚コース 17番ホール（ANAオープンゴルフトーナメント）

飛ぶ選手は2オンを狙っていくホールですが、本来は2オンを狙うべきではないホールです。なぜかというと、左足下がり＋つま先下がりのライからセカンドを打たなければいけないので、ボールが上げにくいんですよ。グリーンを狙う場合、左サイドの林を超えていかなければなりませんが、かなり木の背が高いので、超えて行くにはよっぽどのパワーが必要です。ある程度木から離れていて、かつ木を超える高さを出せるクラブで届くという条件が整わない限り、レイアップしたほうが賢明ですね。

レイアップする場合にはセオリーがあって、セカンド地点から障害物なくフェアウェイに打っていけるゾーンと、グリーンに対して障害物なく打っていけるゾーンが交差する菱形のエリアが狙い目になります。

現実的にはこのホールは西から風が吹くことが多く、セカンドがアゲンストになるため、ベストポジションにボールを置くことはやさしくありません。

アマチュアがこのホールをプレーする場合のポイントは、プロがレイアップする菱形のエリアを目指すことです。3打目でも4打目でも構いませんので、とにかくこのエリアにボールを入れることを考えてプレーしてください。

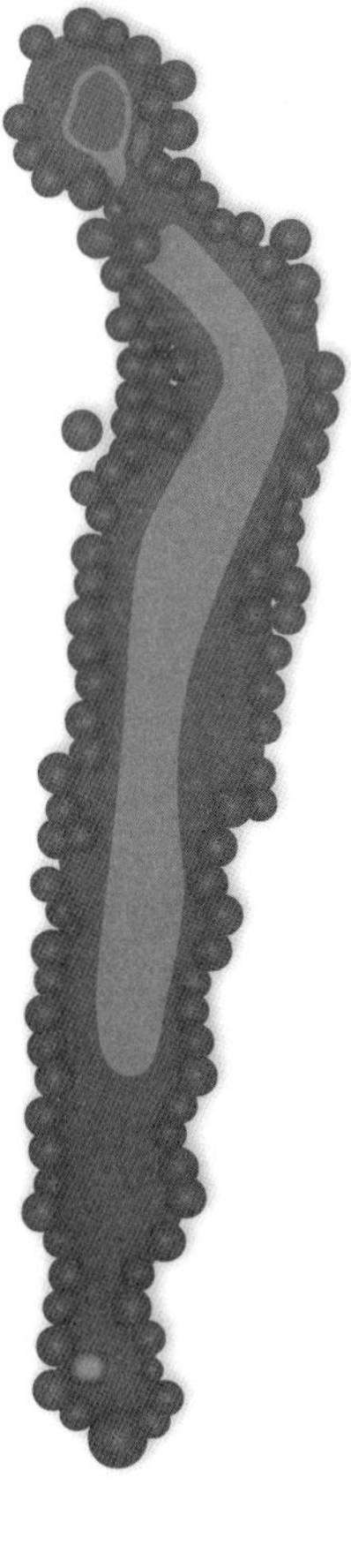

札幌ゴルフ倶楽部 輪厚コース
17番ホール
579Yard　Par5

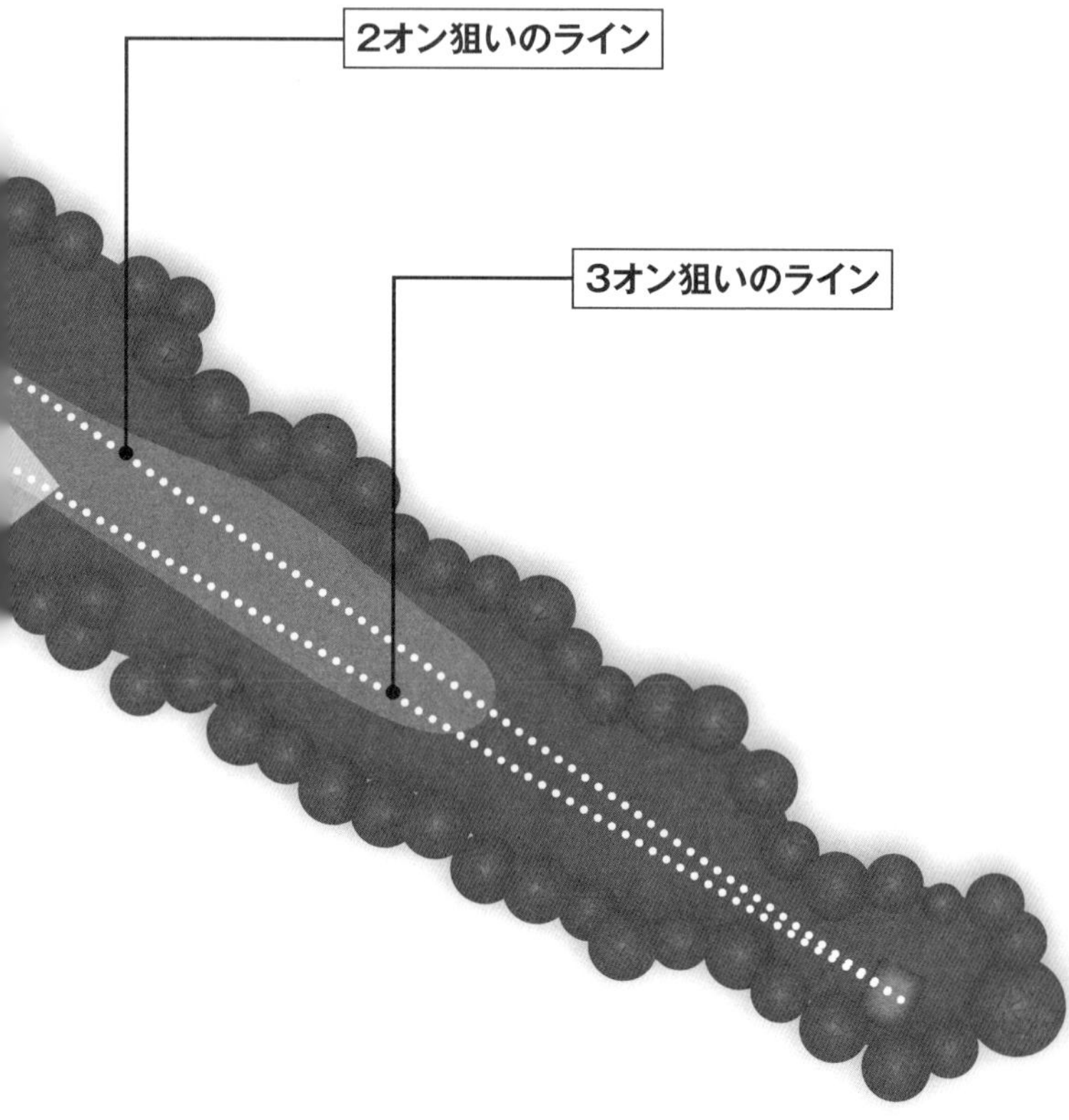

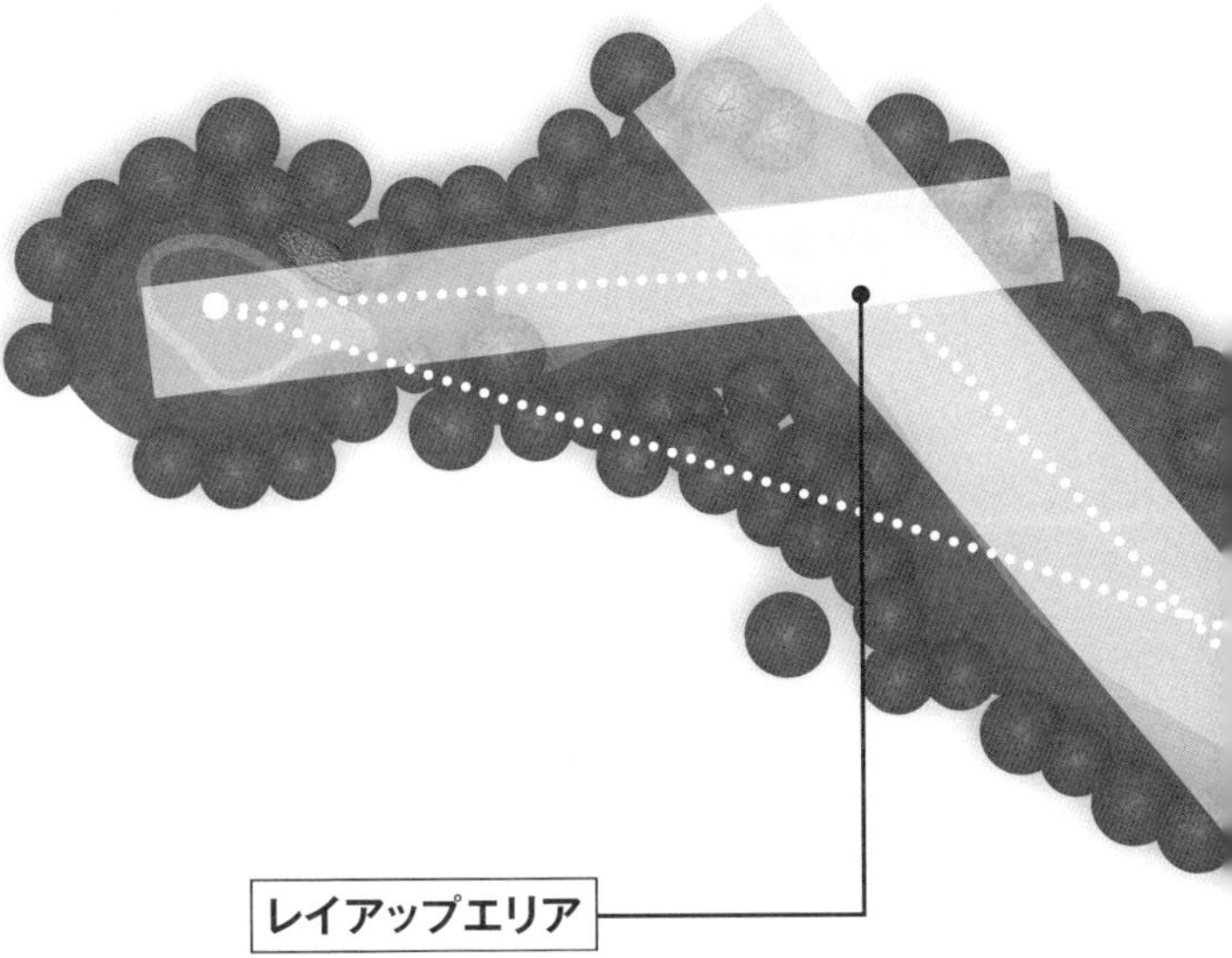

左下がりのライから木を越える高い球を打たなければならないので、よほどのパワーヒッターでなければ2オン不可能なパー5。アマチュアであれば、菱形のスペースに3打、4打で確実に運びたい。

フェニックスカントリークラブ 住吉コース 4番ホール
（ダンロップフェニックストーナメント）

ダンロップフェニックスの13番として使われるホールです。ここは物凄くいいホールで、昨年ルーク・ドナルドが勝ったときはティショットを刻んでいましたね。松山英樹選手や石川遼選手は1オンを狙って打って行きますが、飛ぶ選手はそれでいいと思います。ガードバンカーにつかまる可能性が高いのですが、そこならばOKです。寄せワンできますからね。ただし、ルークはバンカーからピンに寄る確率よりも、100ヤード残してそこからピンに寄る確率のほうが高いと思っているのでレイアップというチョイスになるわけです。バンカーのライが悪い場合もありますしね。

このホールにはバンカーが8つありますが、1オン狙いでグリーン手前のガードバンカーにつかまるのはOKです。それ以外のバンカーに入れるのはNGですね。セカンドでガードバンカーに入れるのもＮＧです。

刻む場合はグリーンに対して障害物なく打っていけるエリアに運ばなければなりませんが、それにはグリーンの向いている方向を考える必要があります。ティショットを打っていけるゾーンとグリーンを正面に臨めるゾーンが交差するエリアに入れないと意味がありませんからね。短いクラブで左に曲げて、グリーンを直接狙えないのは最悪のパターン。それよりは右に曲げて、距離は残っているけれどもグリーンは直接狙えるほうがベターです。

アマチュアはティショットが届くということは考えにくいので、ルークと同じ攻め方をすべきでしょうね。２つのゾーンが交差する菱形のエリアまでの距離を把握して打つことです。

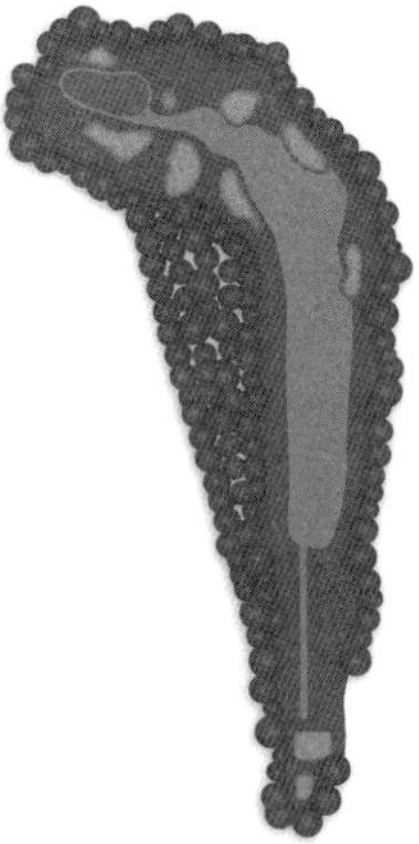

フェニックスカントリークラブ 住吉コース
4番ホール
325Yard　Par4

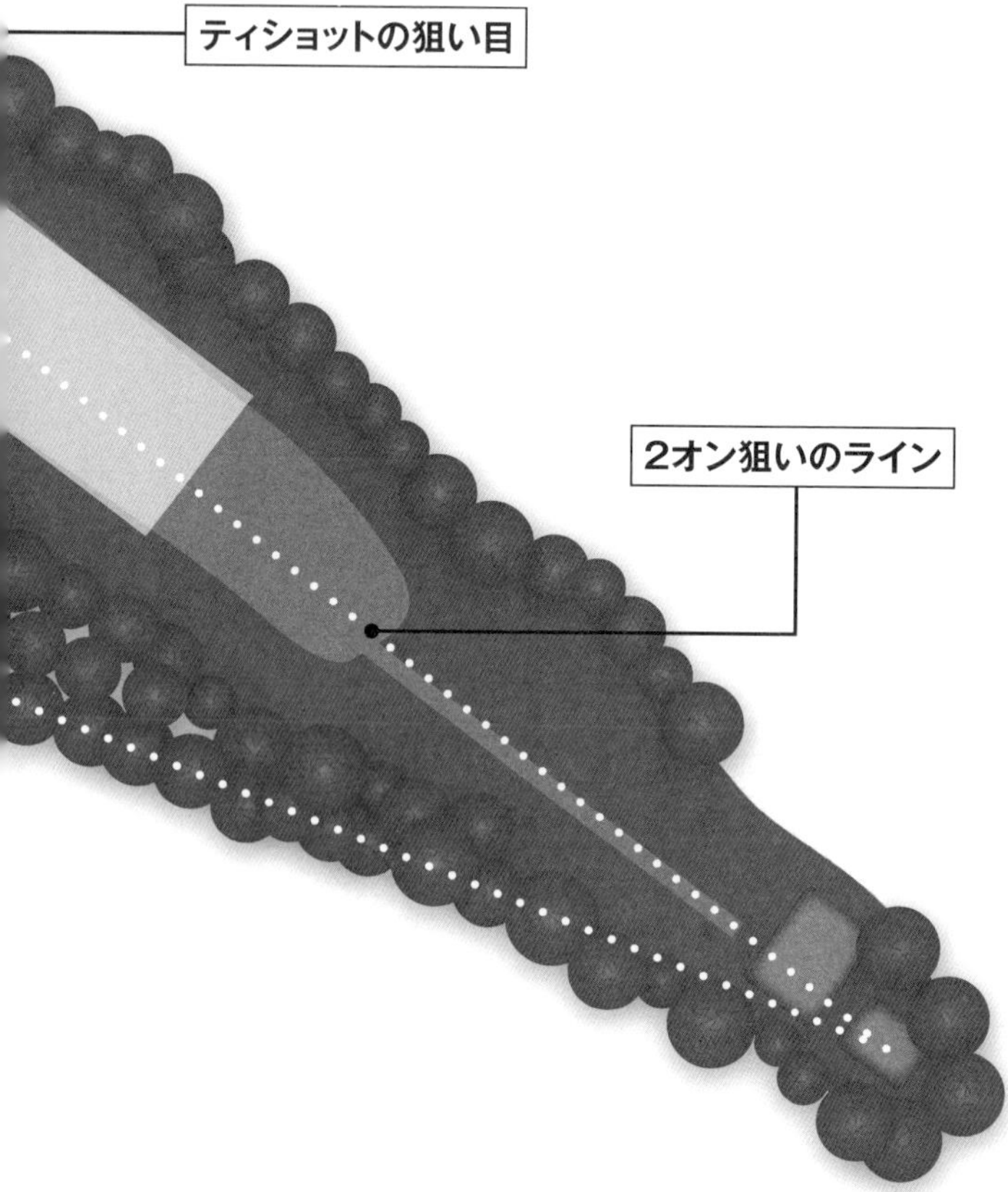

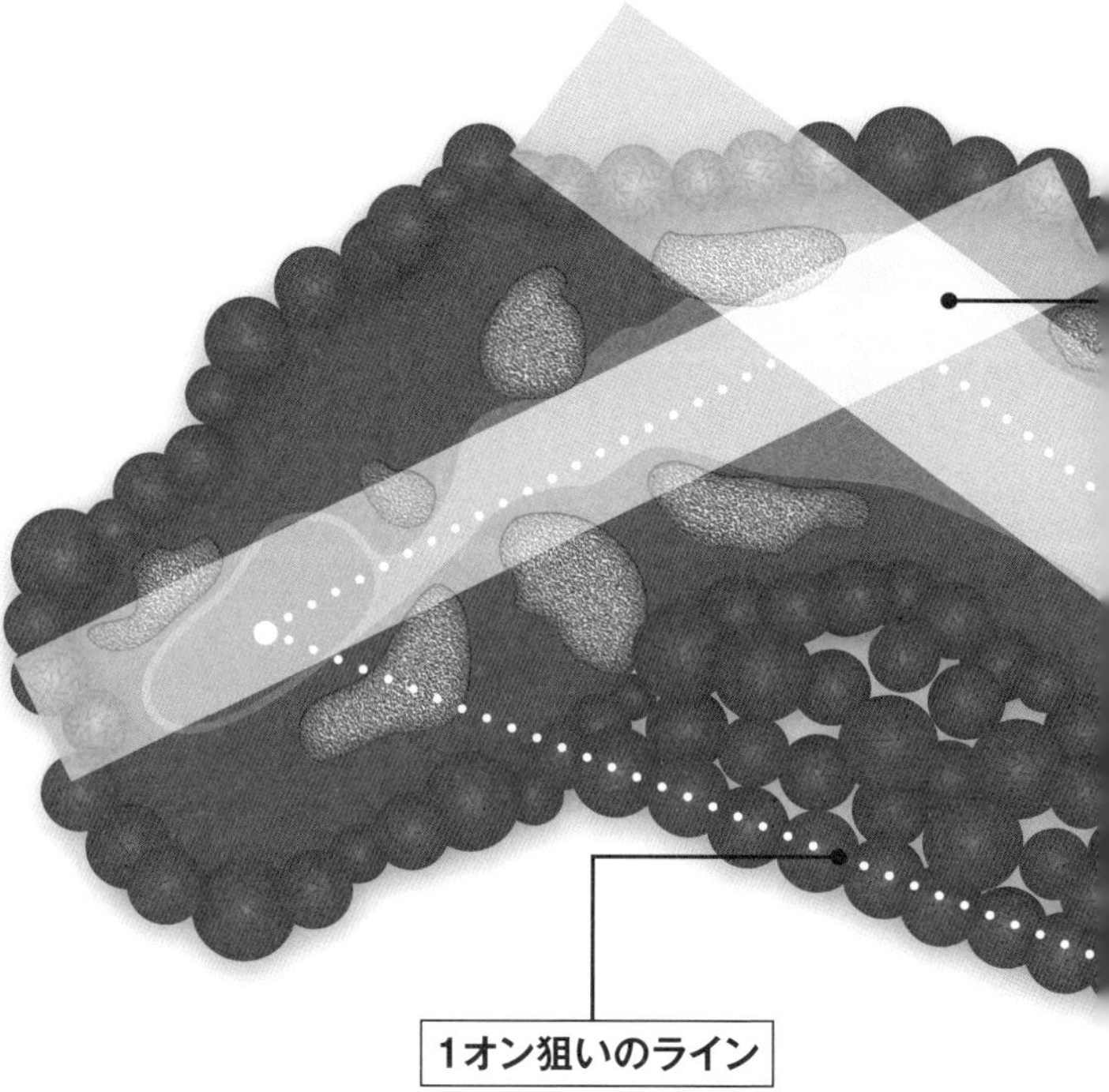

2オンを狙う場合、林を越えてガードバンカーならOKと考えよう。アマチュアは2オン狙いでティショットを菱形のエリアに運びたい。グリーンを狙える位置にあれば右は曲げてもOKだ。ルーク・ドナルドに学ぼう。

太平洋クラブ 御殿場コース
18番ホール
（三井住友VISA太平洋マスターズ）

住友VISA太平洋マスターズで数々の名場面を演出してきたホールですが、最近はボールが飛ぶようになったので、プロは左サイドのバンカーを楽々と超えるようになりました。松山英樹がアマチュアで勝ったときは、ティショットでこのバンカーを大きく越えて、8番アイアンでセカンドを打って上からズドーン！と乗せてきましたよね。

レギュラーツアーの選手はティショットが普通に当たれば2つで届くので、距離の長いパー4のようになっていますが、アマチュアの場合は池の手前の広いエリアを目標にプレーするといいでしょう。2打もしくは3打でここまで持っていき、そこからグリーンを狙って打つのです。

本来はここがレイアップエリア。距離の出ない時代はセカンドでグリーンを狙うと池につかまるリスクが高かったので、設計家はセカンドをここに置くという選択肢を作ったのです。松山選手はティショットで狙ってきたわけですから、クラブとボールの進化には本当に驚かされますよね。

現在、プロはこのエリアを使わず、ティショットに失敗した場合はグリーンまで100ヤード以内まで打ってきます。そうすれば奥行きのあるグリーンの真正面からアタックできるので、アプローチのバリエーションを使うことができるのです。

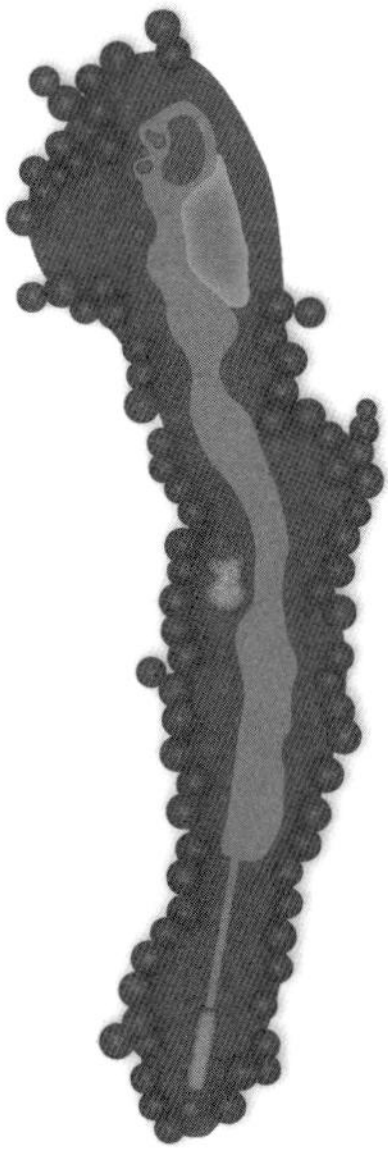

太平洋クラブ 御殿場コース
18番ホール
517Yard　Par5

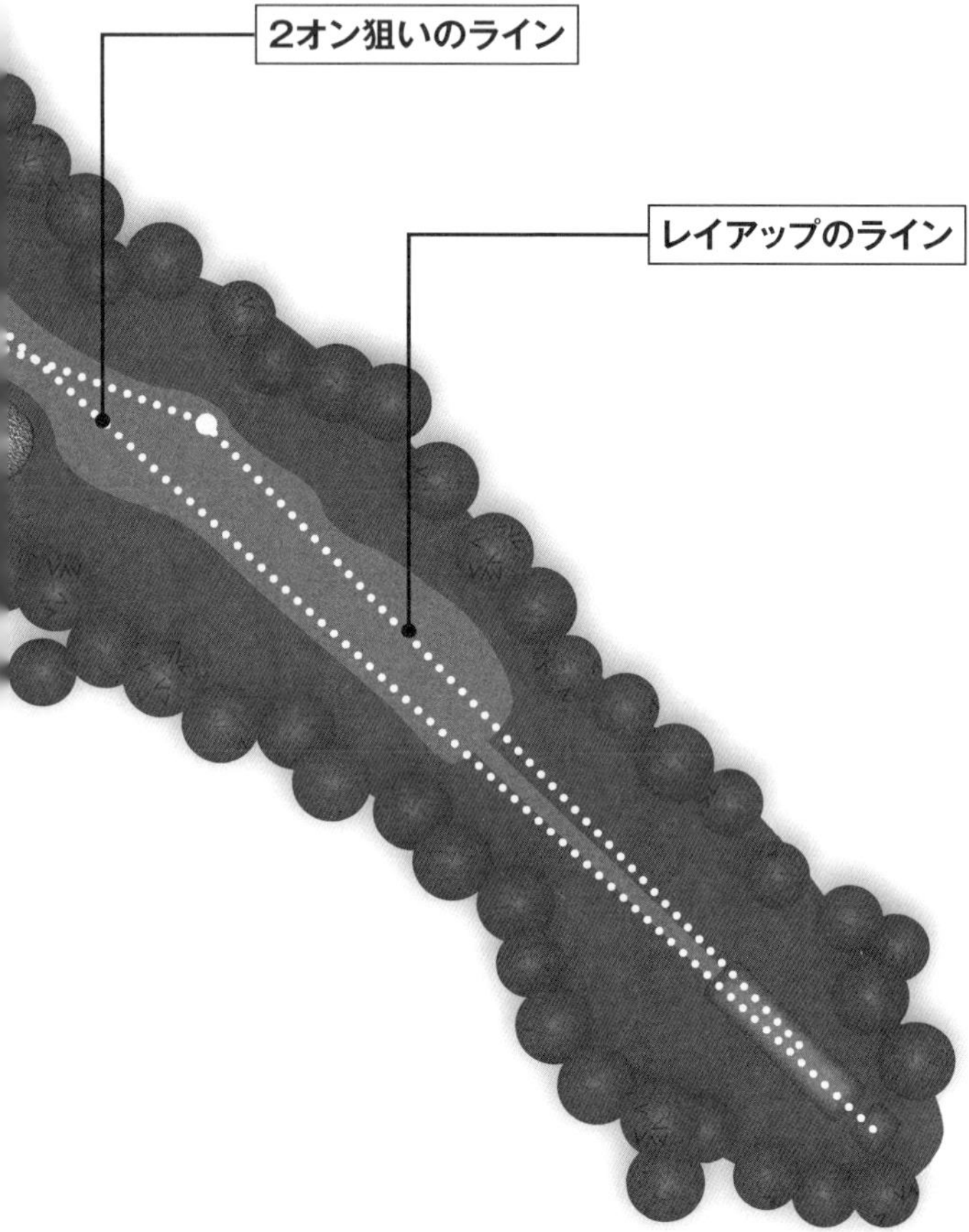

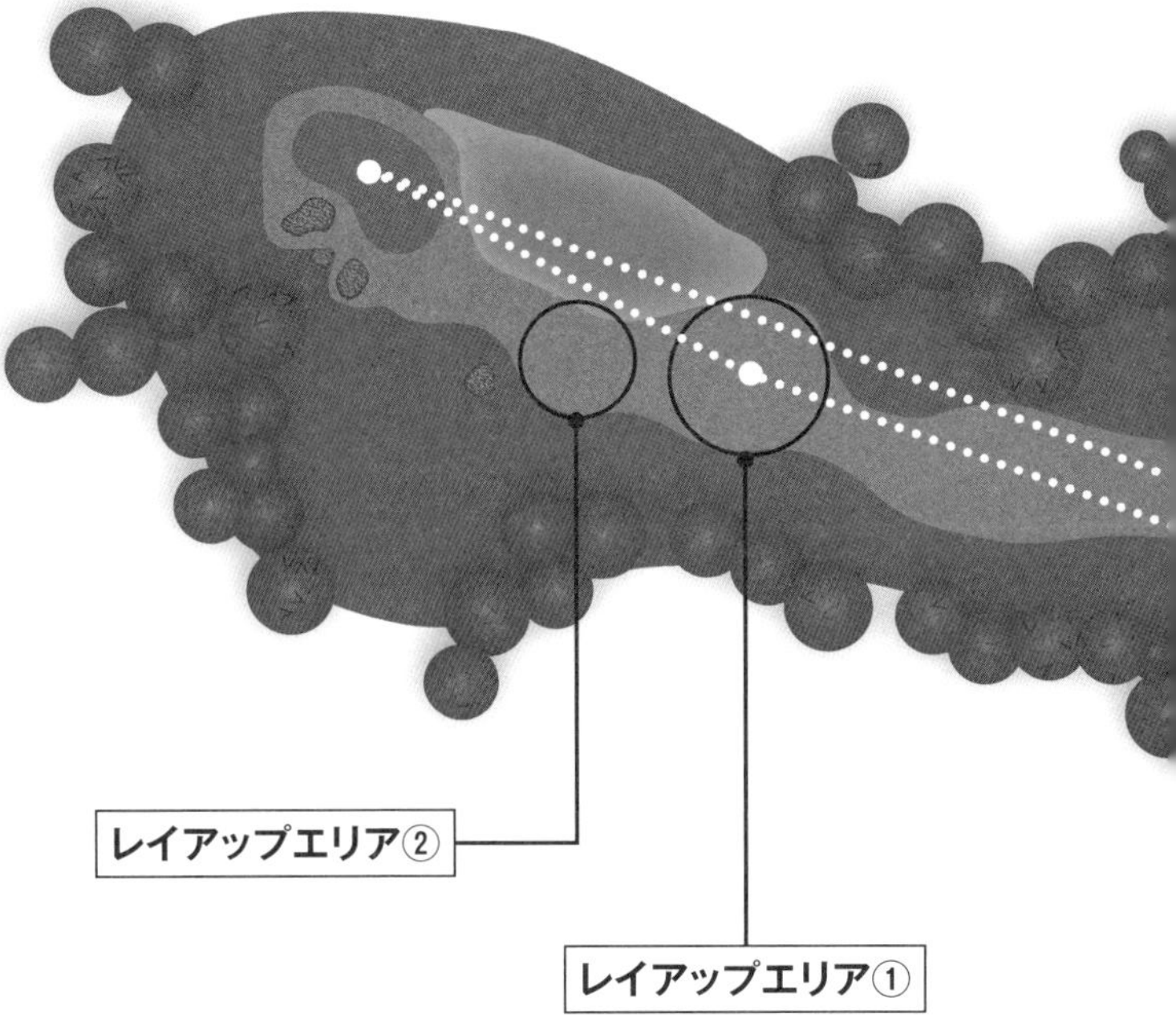

飛距離が伸びた現在、プロは2オンが当たり前になったパー5。アマチュアはレイアップエリア①に2打か3打で運ぶことを考える。プロがレイアップする場合は、グリーン面を長く使える②まで打ってくることが多い。

ABCゴルフ倶楽部
18番ホール
（マイナビABCチャンピオンシップゴルフトーナメント）

ティショットは左右のバンカーに入るリスク（リスク）、セカンドはグリーンを狙うと池に入るという2つのリスクが用意されているホールです。その一方で、バンカーにつかまらなければ2オンを狙えるというリワード（報酬）が待っているわけで、このリスク&リワード（危険と報酬）はコース設計の基本でもあります。

ただ、現在のレギュラーツアーの選手の飛距離だとバンカーを超えてくるので、プロにとっては2オンのチャンスが十分あります。しかも、グリーン手前の池は、いったん池を超えてから転がり落ちた場合にはウォーターショットできるように設定されているので、距離的に届くなら狙ってしまったほうが得です。つまり、プロにとってはリスクのさほどないホールといえますね。

そういう意味では、このホール本来のリスク&リワードは飛距離が250ヤードに満たないアマチュアに適用されるといっていいでしょう。

ハザード絡みのパー5ホールには必ず、3打目が打ちやすいエリアが造られているものですが、このホールもグリーンまで100~110ヤードの地点のフェアウェイが広くなっていて、ここからなら割とストレスなくグリーンにアタックすることができます。

ですから、まずはここまで運ぶことをこのホールの最初のゲームにし、そのミッションを達成したら、次はピンの位置に応じてどうアプローチしていくかを第2のゲームにすればいいわけです。

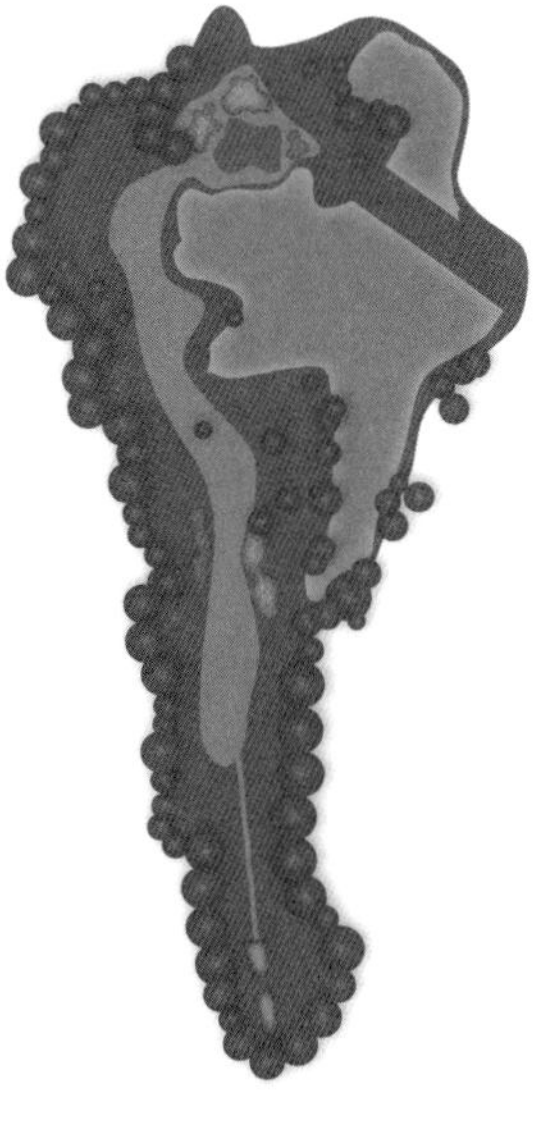

ABCゴルフ倶楽部
18番ホール
525Yard　Par5

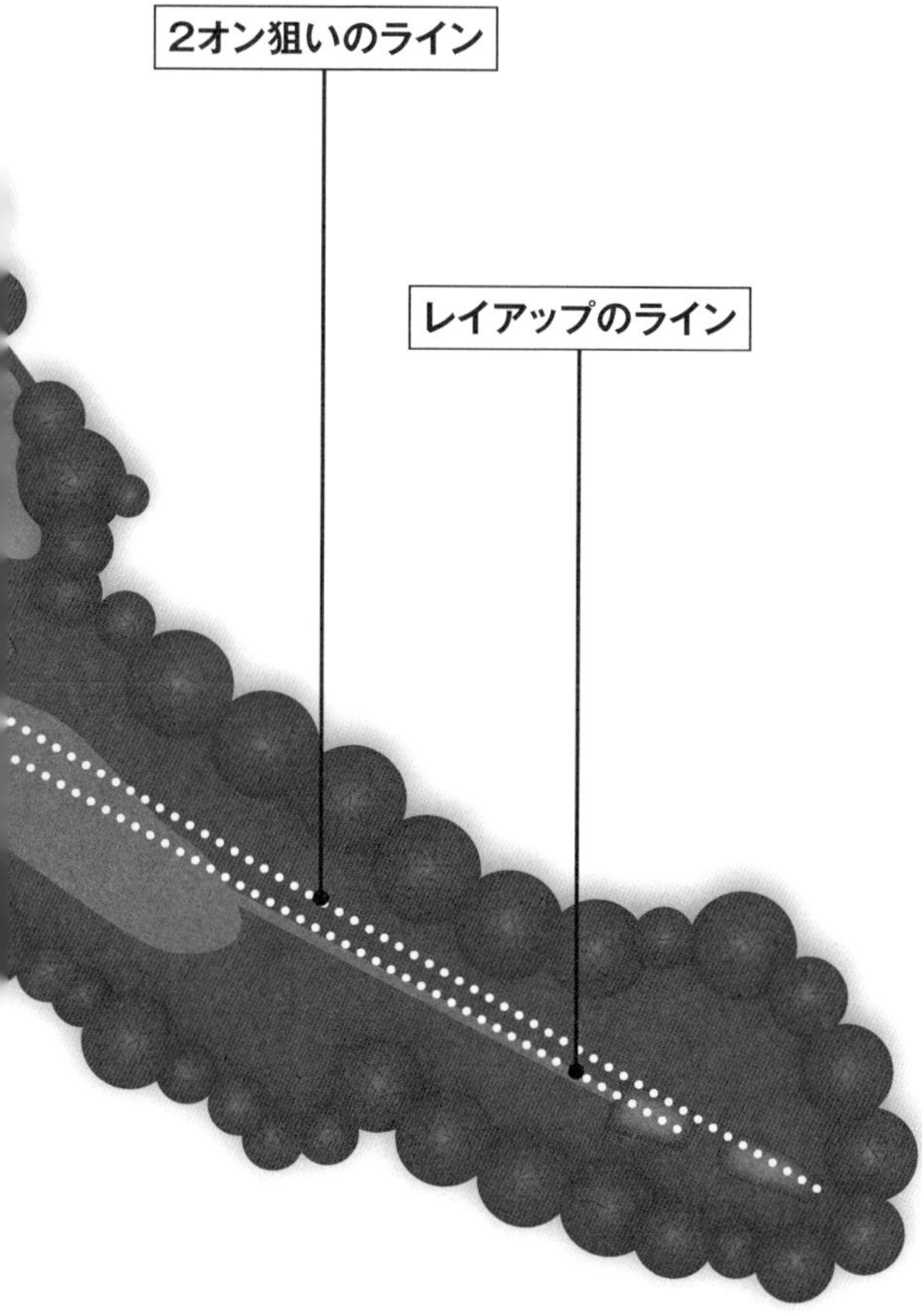

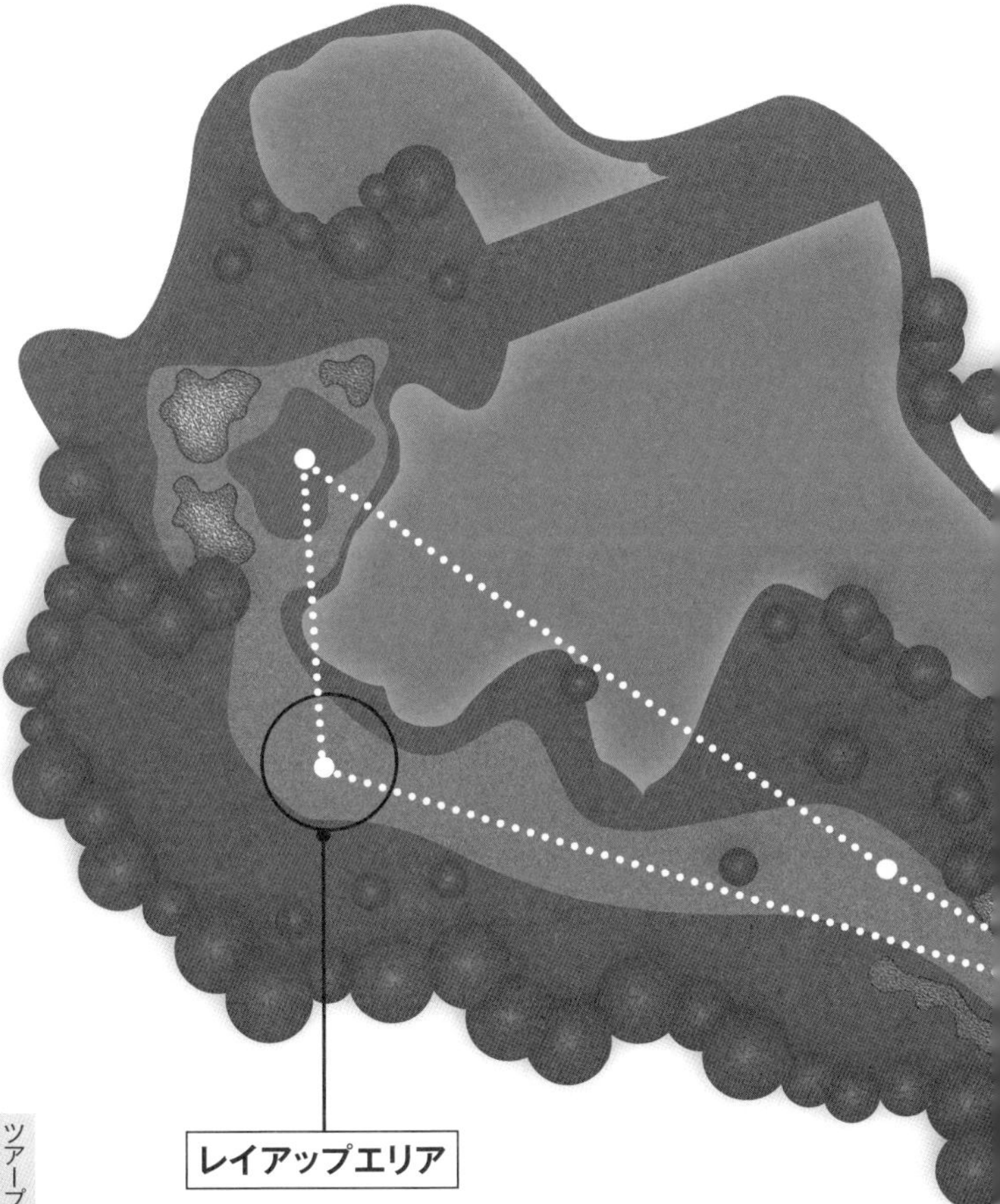

プロは２オン狙いからのウォーターショットなど、スリリングな展開が見られる最終ホール。アマチュアは2打、3打で確実にレイアップエリアに運べば、パーもしくはボギーを狙うことができる。これが最初のゲームだ。

宍戸ヒルズカントリークラブ 西コース
17番ホール
（日本ゴルフツアー選手権 Shisido Hills）

フルバックからだと480ヤードある長いパー4です。フェアウェイからならグリーンを狙えますが、ラフに入ったら厳しいですね。レギュラーツアーの選手でもティショットに失敗すると池の手前に刻むという、難しさにかけてはツアーの中でも上位にランクされるタフなホールです。

レギュラーティからでも440ヤードあるので、アマチュアがティショットに成功しても池につかまる確率が高いですね。グリーンの左サイドに広いスペースがありますが、クリークが流れているので、中途半端に逃げると入れてしまいます。池の手前に刻むか、左に逃げるなら徹底的に逃げることですね。

グリーンが池でガードされているホールはティショットを曲げたりすると大叩きにな

るので要注意です。フェアウェイに戻したところまではいいものの、そこからグリーンを狙いたくなって池ポチャ、というパターンはけっこう多いですからね。ミスを取り戻そうとするとろくなことになりませんので、肝に銘じておいてください。

ここでは池には絶対に入れないというゲームをすることです。池の手前の広いスペースまで必ず1度ボールを持っていってください。池ポチャの可能性が高ければ、たとえ池の手前まで30ヤードしか打てなくても刻みましょう。こういうプレーをしていると流れがやってきますからね。

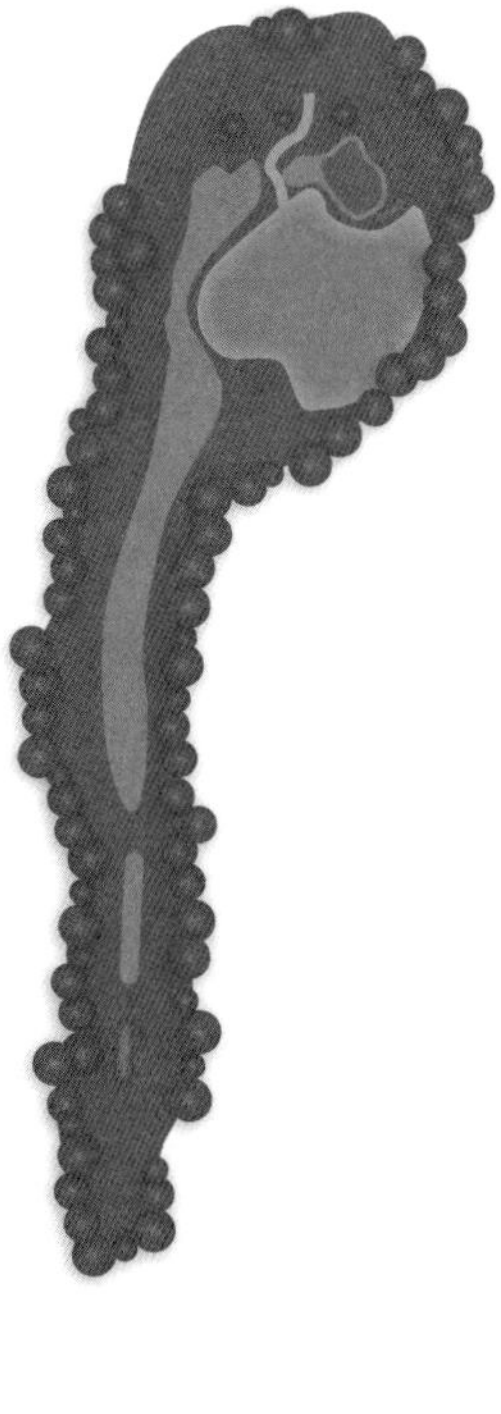

宍戸ヒルズカントリークラブ 西コース
1番ホール
467Yard　Par4

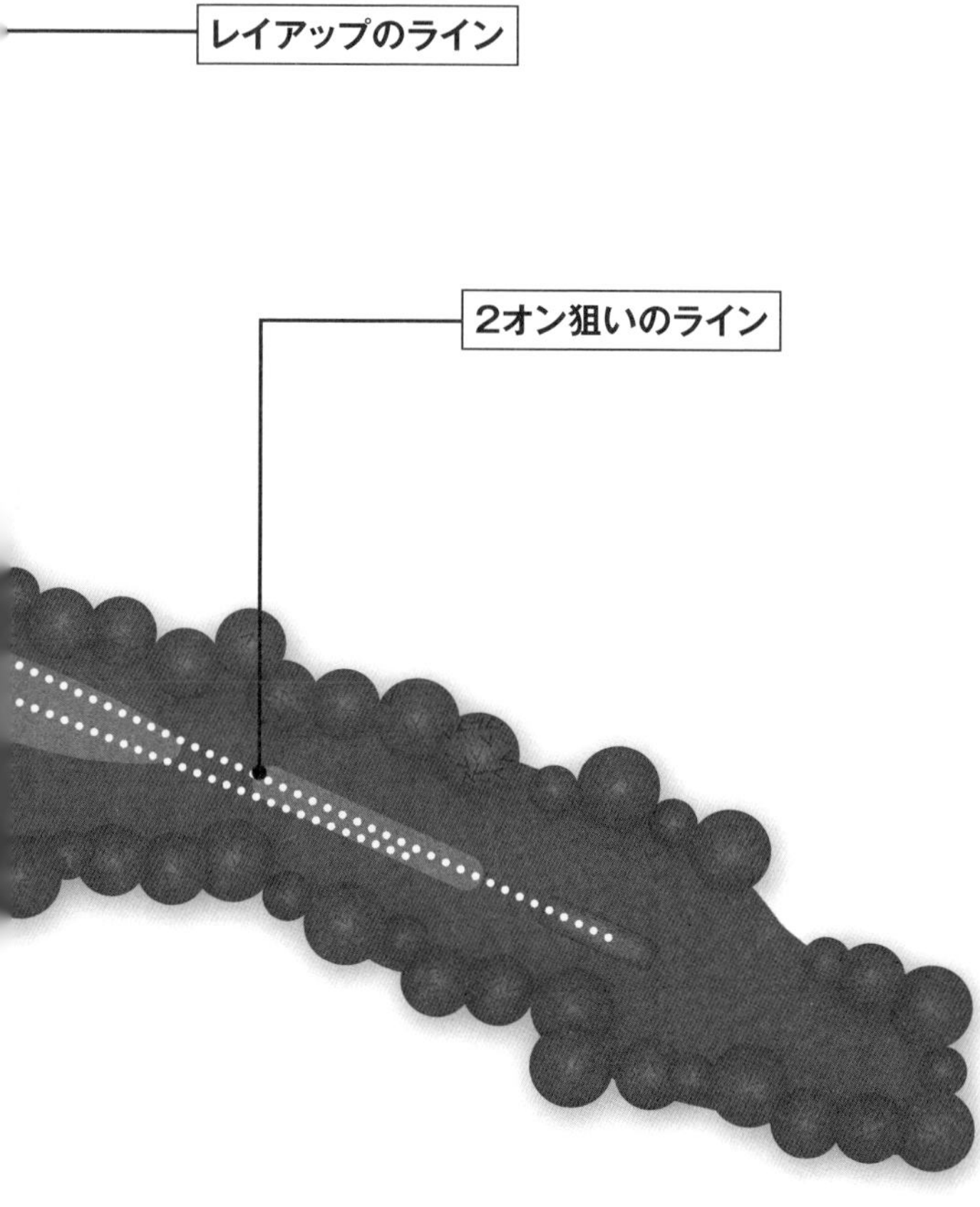

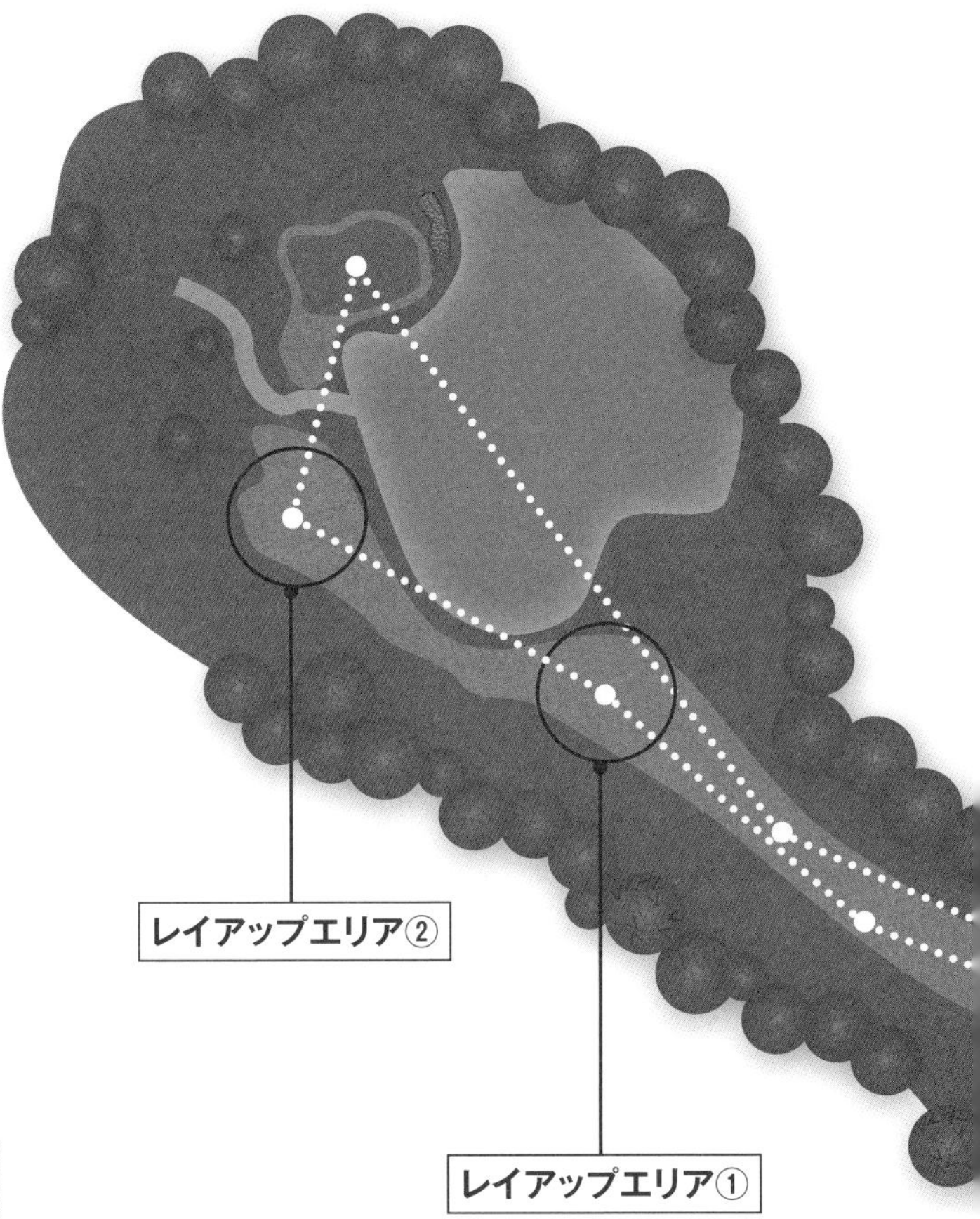

ツアーでも屈指の難しいホール。ツアープロでもティショットを曲げたら池の前①にレイアップする。アマチュアは２打目で①を狙うのがこのホールのゲームプランだ。さらにリスクを避けるなら３打目で②にレイアップもある。

川奈ホテルゴルフコース 富士コース 15番ホール
（フジサンケイクラシック 1981年〜2004年）

かつて男子ツアーのフジサンケイクラシック16番ホールとして数々の名場面を演出してきたホールです。尾崎将司プロのチップインイーグルが印象的ですね。

ティショットは高い位置にあるティグラウンドからの打ち下ろし。左サイドには海が続き、なおかつ右から左に風が吹くので、ボールはすぐ海に持っていかれてしまいます。プレッシャーがかかると相当怖いホールですね。

ただ怖さが「左サイド」とわかりやすいので、徹底的に右に打つ作戦で切り抜けることも可能です。つまりティショットは右の斜面に打ち、セカンドショットも右のラフを狙って打つのです。グリーンも横長なので、安全に攻めるなら右サイドに乗せることでしょう。

とにかく逃げるときは徹底的に逃げるのがスコアメークへの道。こういうホールでは「左折禁止」の標識が出ていると思って、全力で右に曲げる球を打ちましょう。

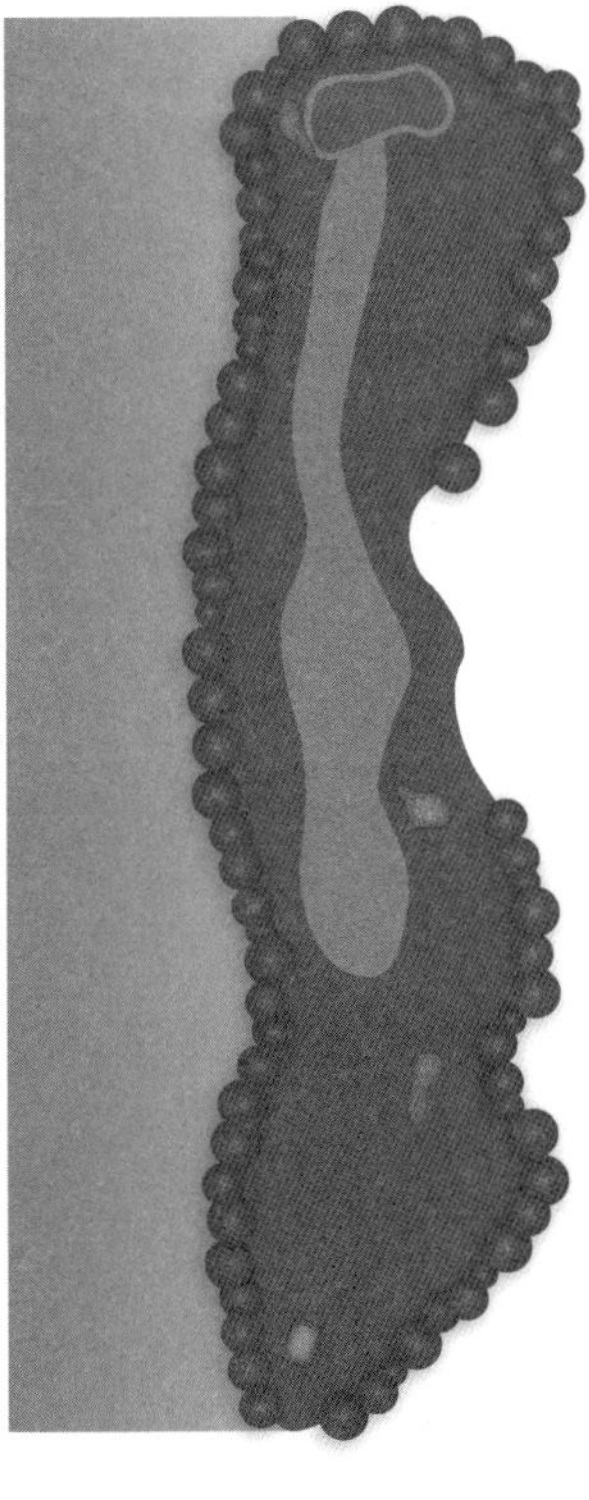

川奈ホテルゴルフコース 富士コース 15番ホール

480Yard　Par5

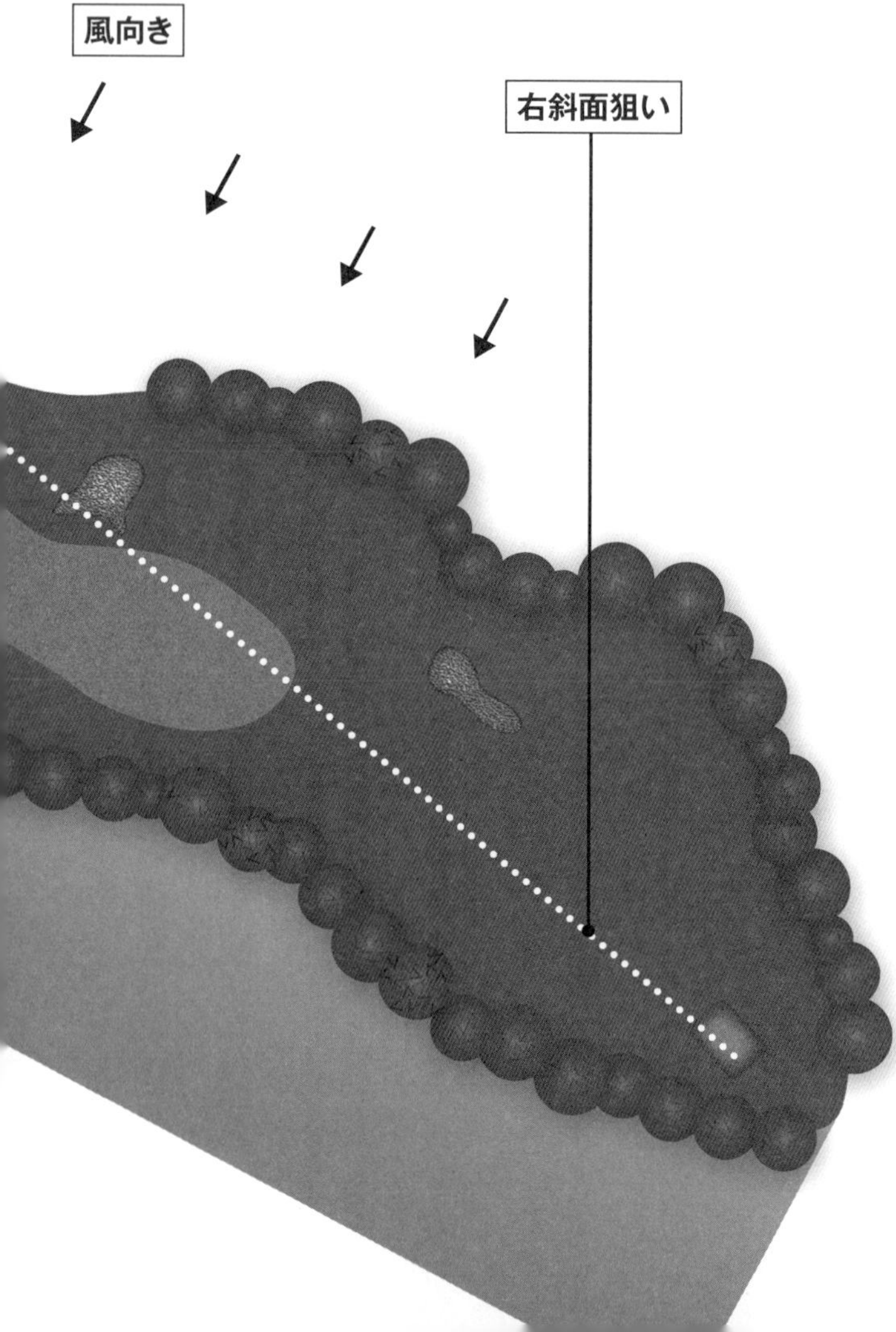

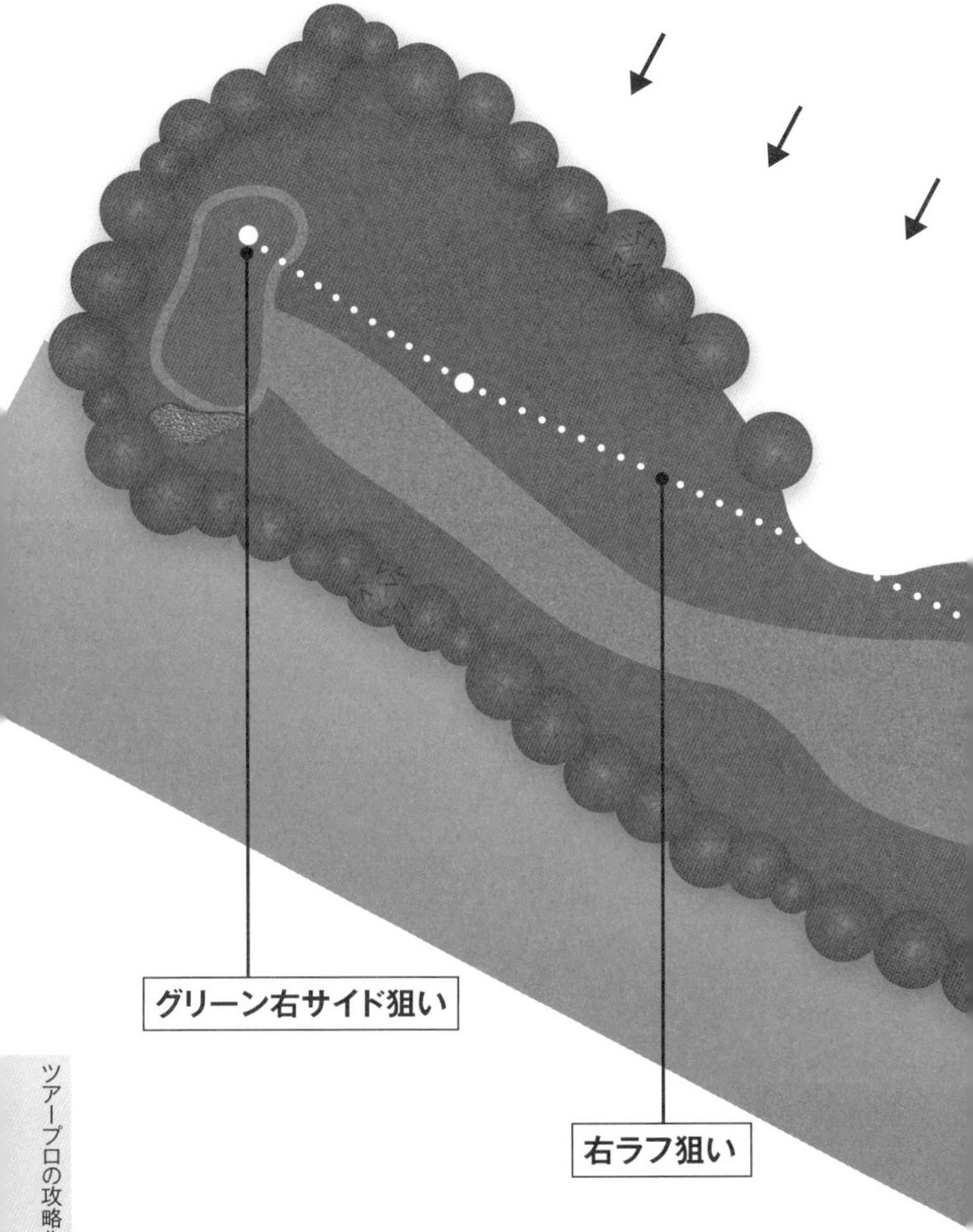

とにかく左は避けなければいけないホールだが、打ち下ろしで風も左から右に吹くことが多い。こういうホールは徹底的に右曲がりの球を打つこと。左の斜面やラフを狙って確実に3オンを目指すのがおすすめだ。

リビエラカントリークラブ10番ホール（Northern Trust Open）

毎年2月にノーザントラストオープンが開催されるリビエラカントリークラブはあのベン・ホーガンが愛したコース。10番のパー4は帝王ジャック・ニクラウスが大絶賛したホールで、距離は短いながらも、ボギーやダブルボギーが簡単に出てしまうという曲者のホールです。

ティグラウンドに対して楕円形のグリーンが斜め45度に設定されているホールを「レダン」というのですが、このホールはまさにそれで、グリーンは斜め左を向いています。その先には大きなバンカーがあるのですが、その手前のスペースが狙い目ですね。

ティショットをグリーン方向にまっすぐ打つと、グリーンの奥行きが使えないのでセカンドショットは難しくなります。手前と奥がバンカーでガードされているので、そこからだとオーガスタの12番ホールのような難しさになりますね。グリーンに止めるのは非常に難しいです。

ＰＧＡツアーの選手はドライバーかスプーンで1オンを狙ってくる場合が多いですが、グリーンの傾斜が強く、グリーン周りからでも簡単にはピンに寄りません。

距離がなくても難しいホールは作れる、というお手本のようなホールです。

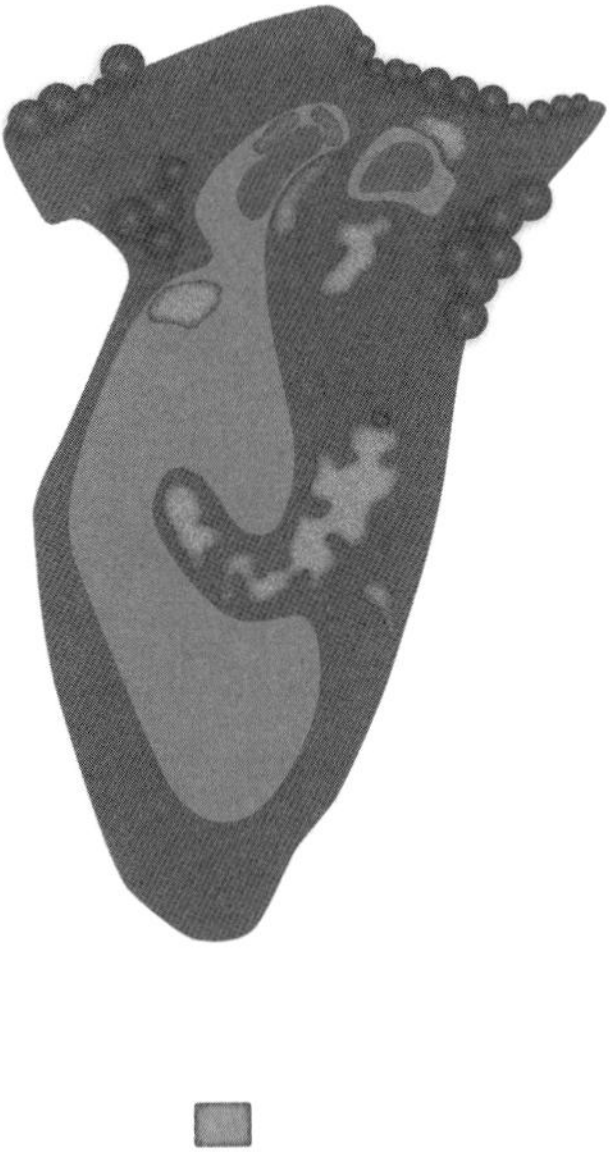

リビエラカントリークラブ
10番ホール
315Yard Par4

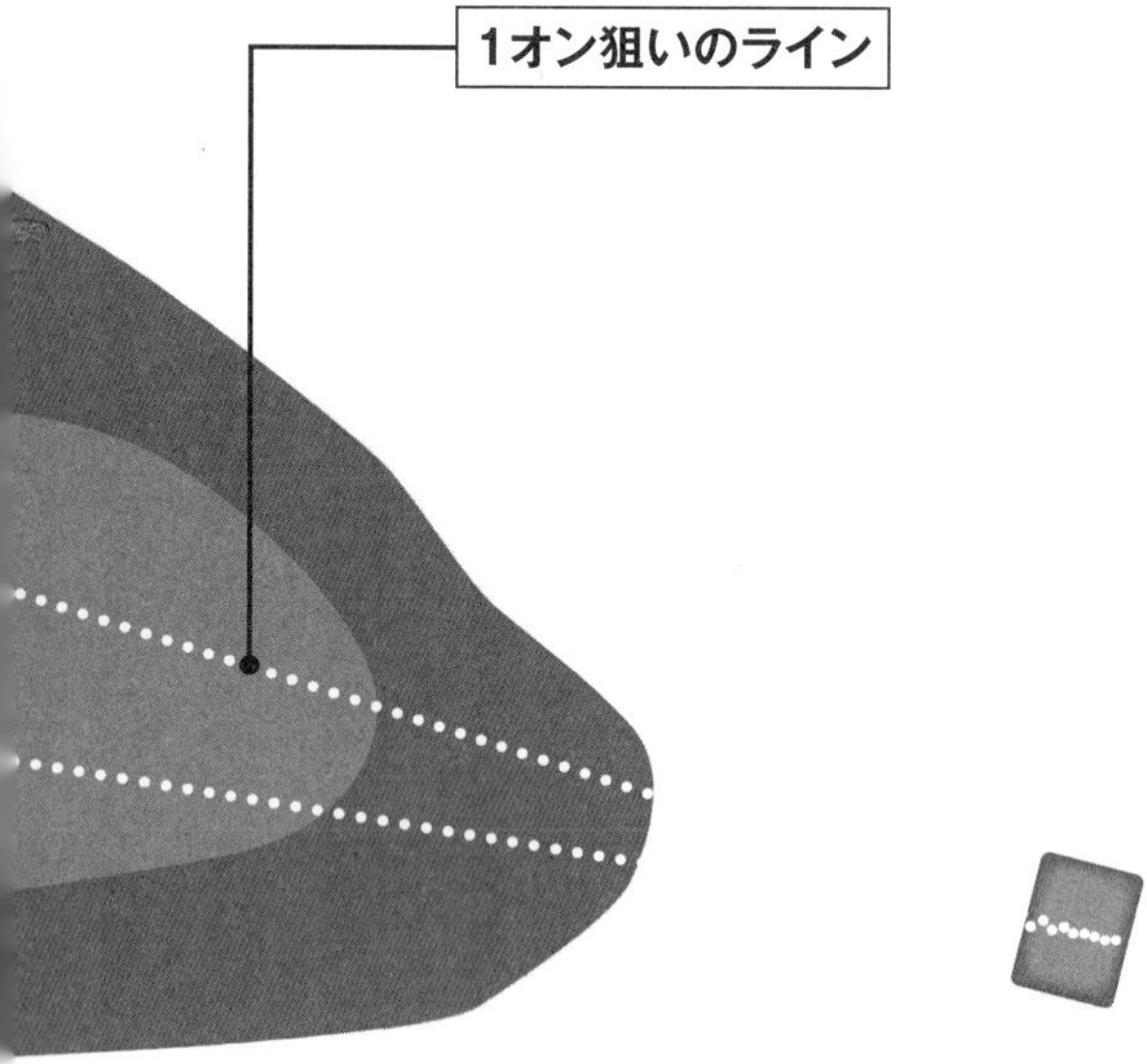

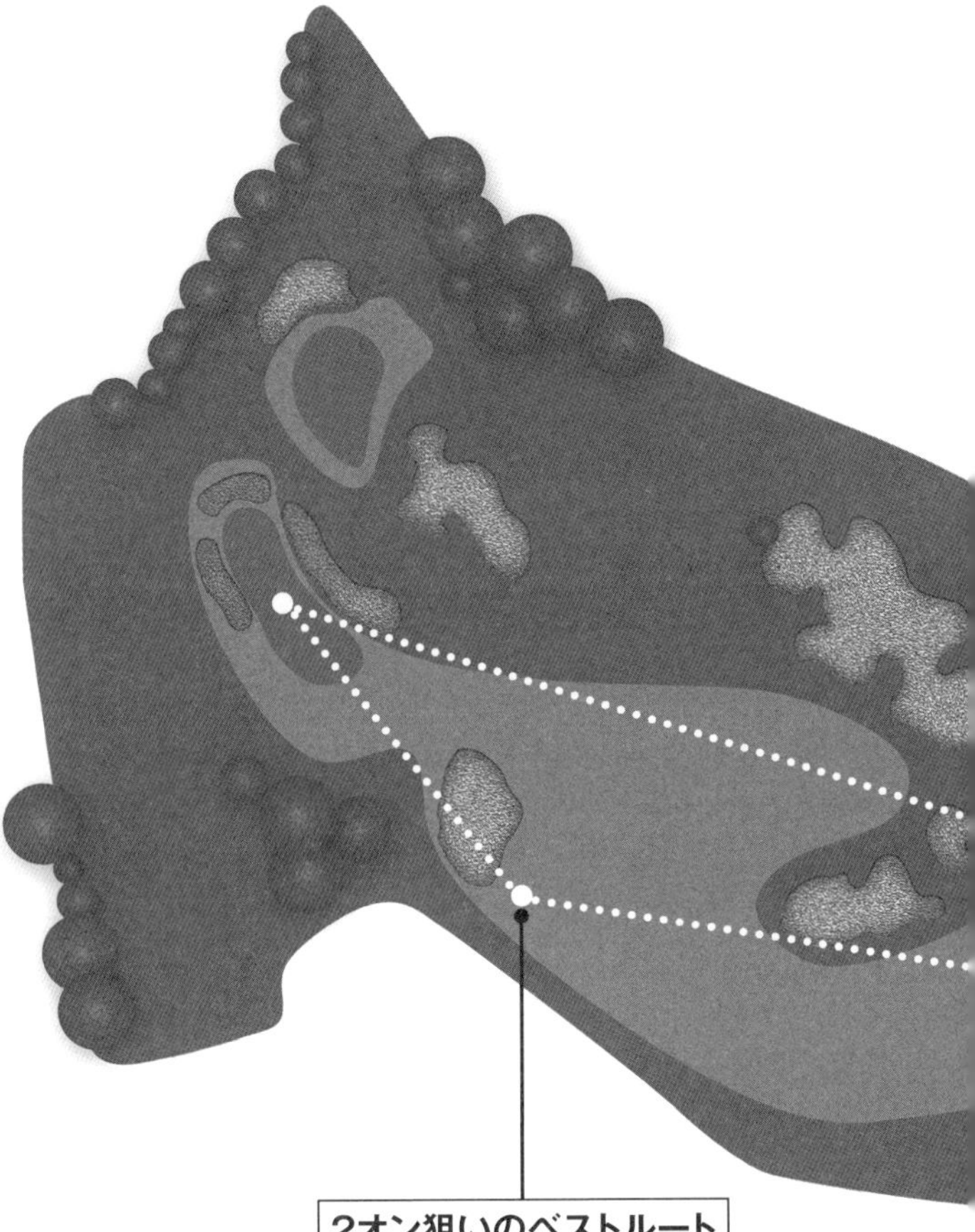

2オン狙いのベストルート

距離的には1オンを狙えるホールだが、そのルートは「レダン」グリーンによって狙いが非常に難しくなる。ベストルートはフェアウェイ左サイドにあるバンカー手前にレイアップすること。ここからだとグリーン面を長く使える。

オーガスタナショナルゴルフクラブ18番ホール
(Masters Tournament)

言わずと知れたマスターズの最終ホールは右ドッグレッグのパー4。左サイドに2つのフェアウェイバンカーが待ち受けていて、これにつかまると2オンが狙いにくくなります。これを嫌って右に曲げてしまうと林の中。ここからはノーチャンスなので、ティショットをフェアウェイに置くことが大切ですね。右ドッグレッグで右に打ったらアウトですよ、という典型的なホールです。

スコットランドのサンディ・ライルは1988年のマスターズの最終日、この18番で左のバンカーからグリーンに乗せて勝ちましたが、左のバンカーを飛び越えて、隣の9番ホールからグリーンを狙うという攻め方を始めたのもライルだと記憶しています。ティグラウンドが後ろに下げられてしまったので、いまでは左のバンカー超えという攻め方はできません。各選手ともフェアウェイを確実にキープしようとしていますね。タイガー・ウッズが右の林から木を越えて見事なリカバリーを見せたことがありましたが、あれは超人だからできる技で、普通の人間には不可能です。出すだけでもひと苦労なんですから。

プロであれアマチュアであれ、絶対に右の林に入れない、というのがこのホールの鉄則です。

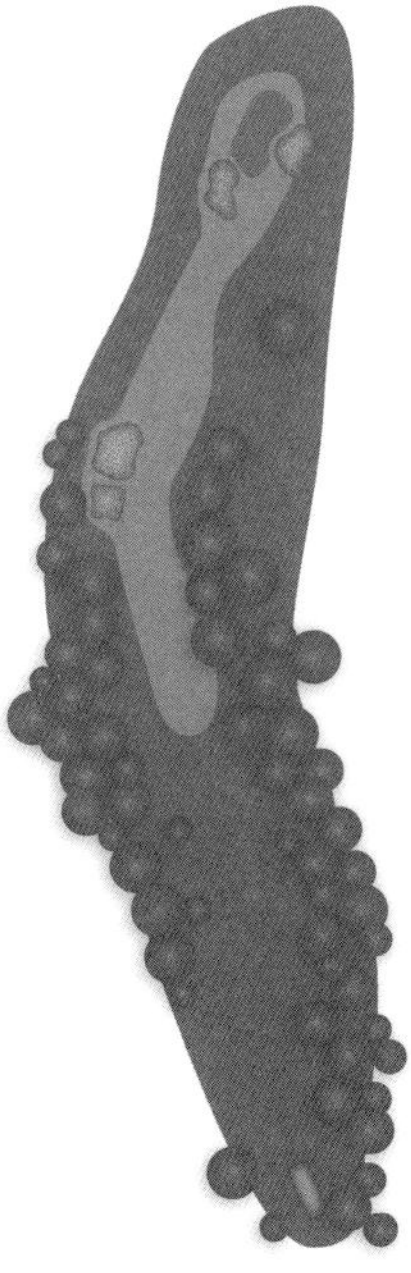

オーガスタナショナルゴルフクラブ 18番ホール

465Yard　Par4

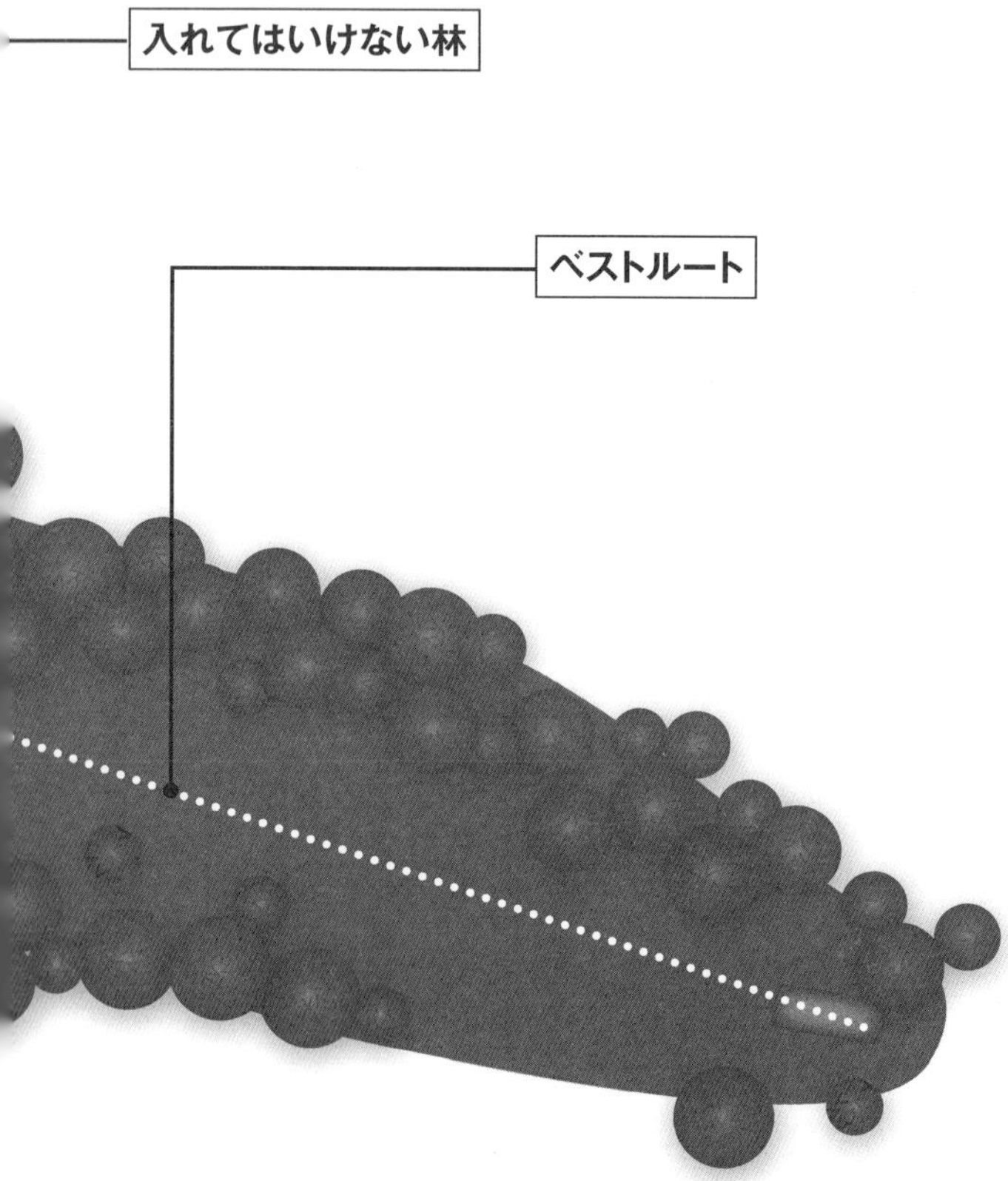

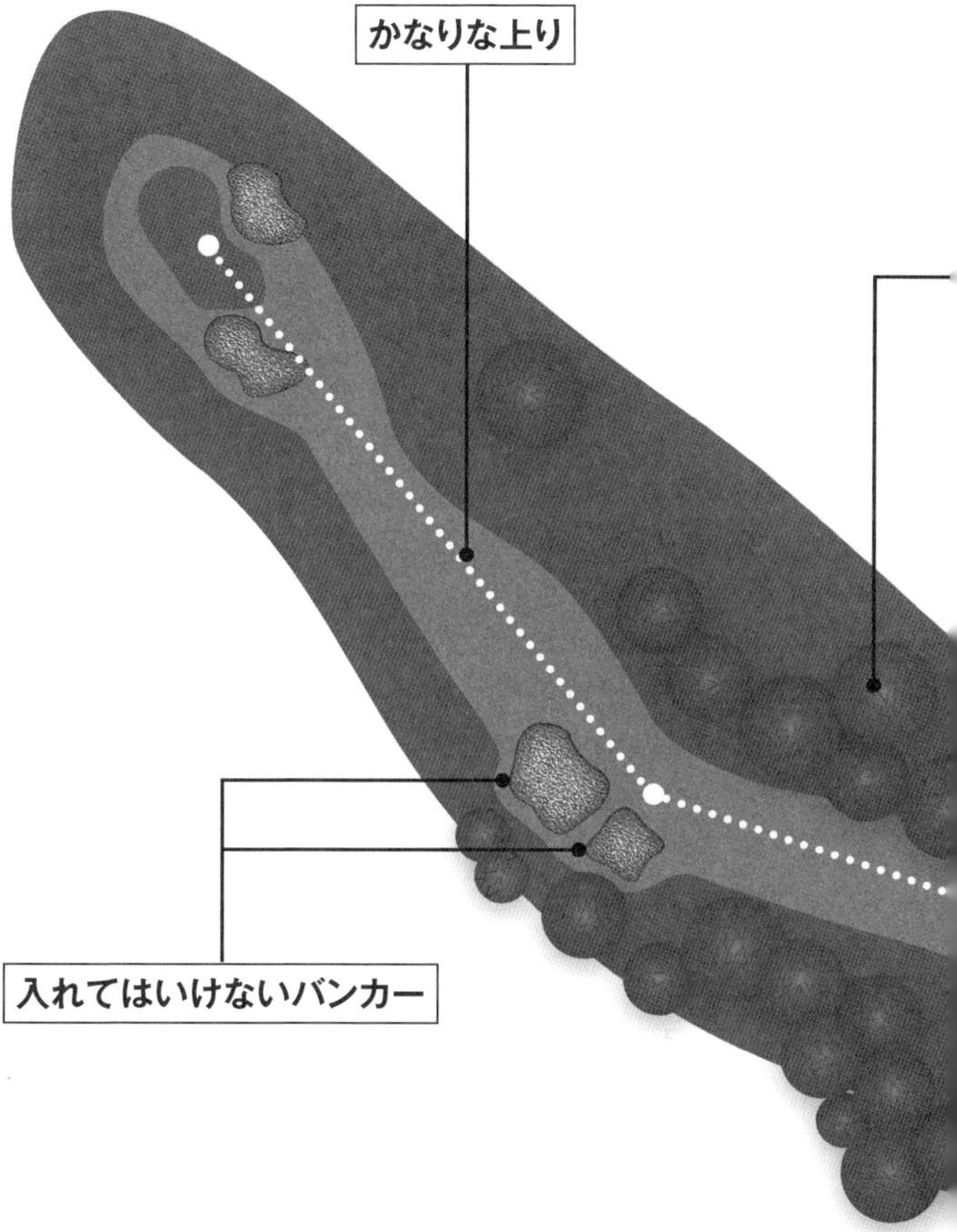

距離も長く、2打目も上りになるタフなホール。右ドッグレッグなので右の林はノーチャンスだ。ティショットで距離を稼いでおきたいが、左のバンカーも深いので、グリーンを狙うのは難しくなる。とにかくティショットをフェアウェイに置きたい。

川奈ホテルゴルフコース 富士コース 16番ホール
（フジサンケイクラシック 1981年～2004年）

フジサンケイクラシックでは17番ホールとして使われ、選手たちを苦しめたパー3です。

このホールはよくできたホールで、スライスして右に飛んだボールは距離が出ないのでマウンドの下まで転がり落ちますし、ひっかかったボールは左の斜面に突き刺さるようになっています。

グリーンの形状は丸いのですが、右手前がストンと落ちていてプレーイングエリアとして使えません。そう考えれば現実的にはティグラウンドに対して45度傾いていることになるわけで、グリーンの傾斜もありますから、要はレダンホールなんですよ。「レダン」とは難攻不落と言われた要塞の名前。ティグラウンドから見ると、グリーンが高い山のようにそびえる様はまさに要塞のようですよね。

さて、このホールで考えるべきなのは、絶対に手前に落とさないことです。手前からのアプローチはピンが見えないので、距離を合わせるのが難しくなるからです。奥でもいいから大きめに打って、谷をクリアすることが最低限のミッションとなります。

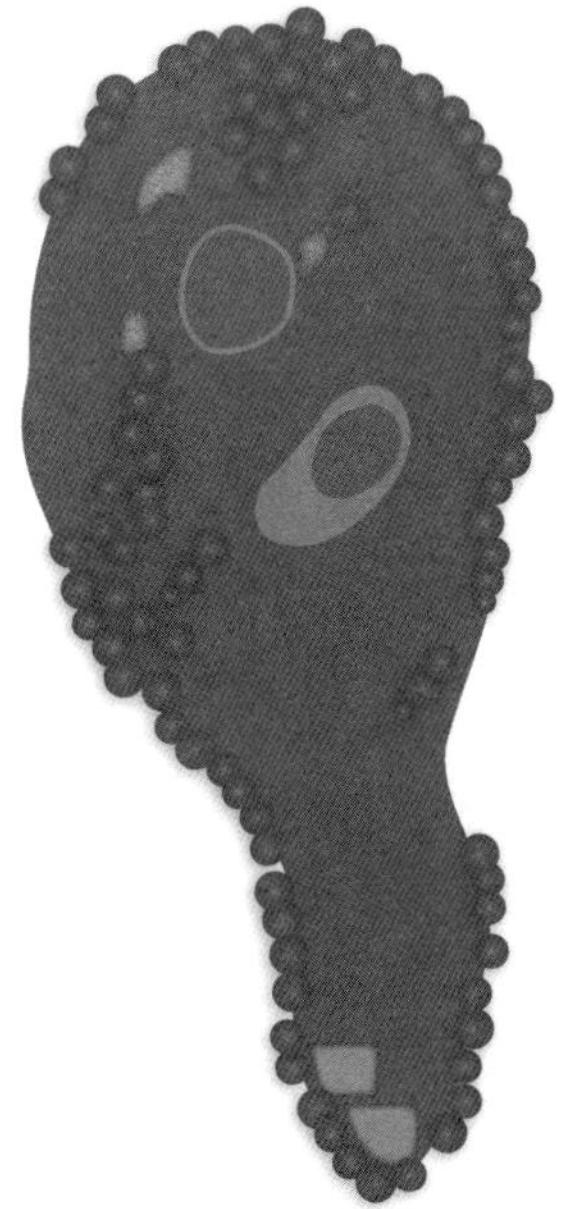

川奈ホテルゴルフコース 富士コース 16番ホール

185Yard　Par3

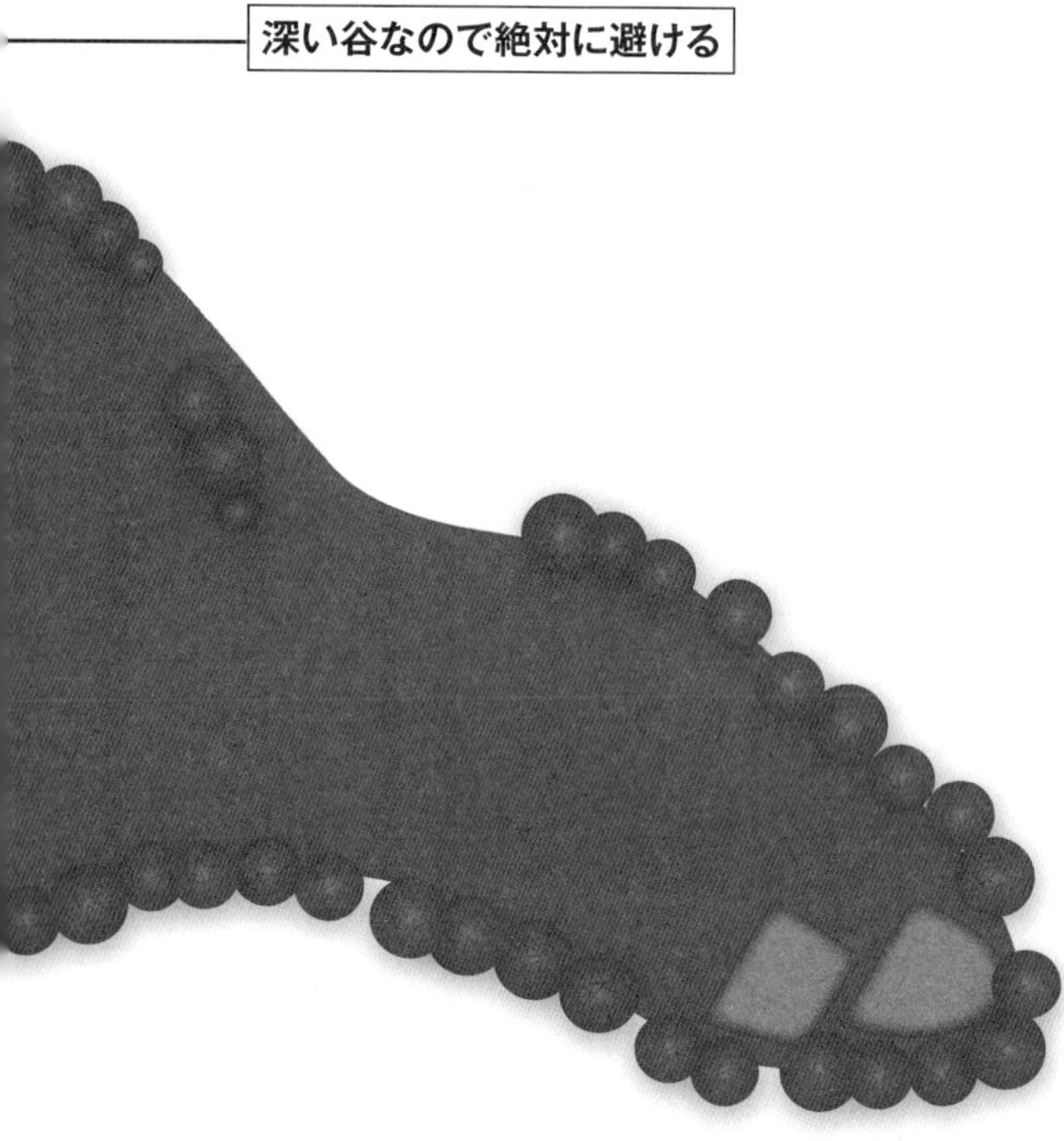

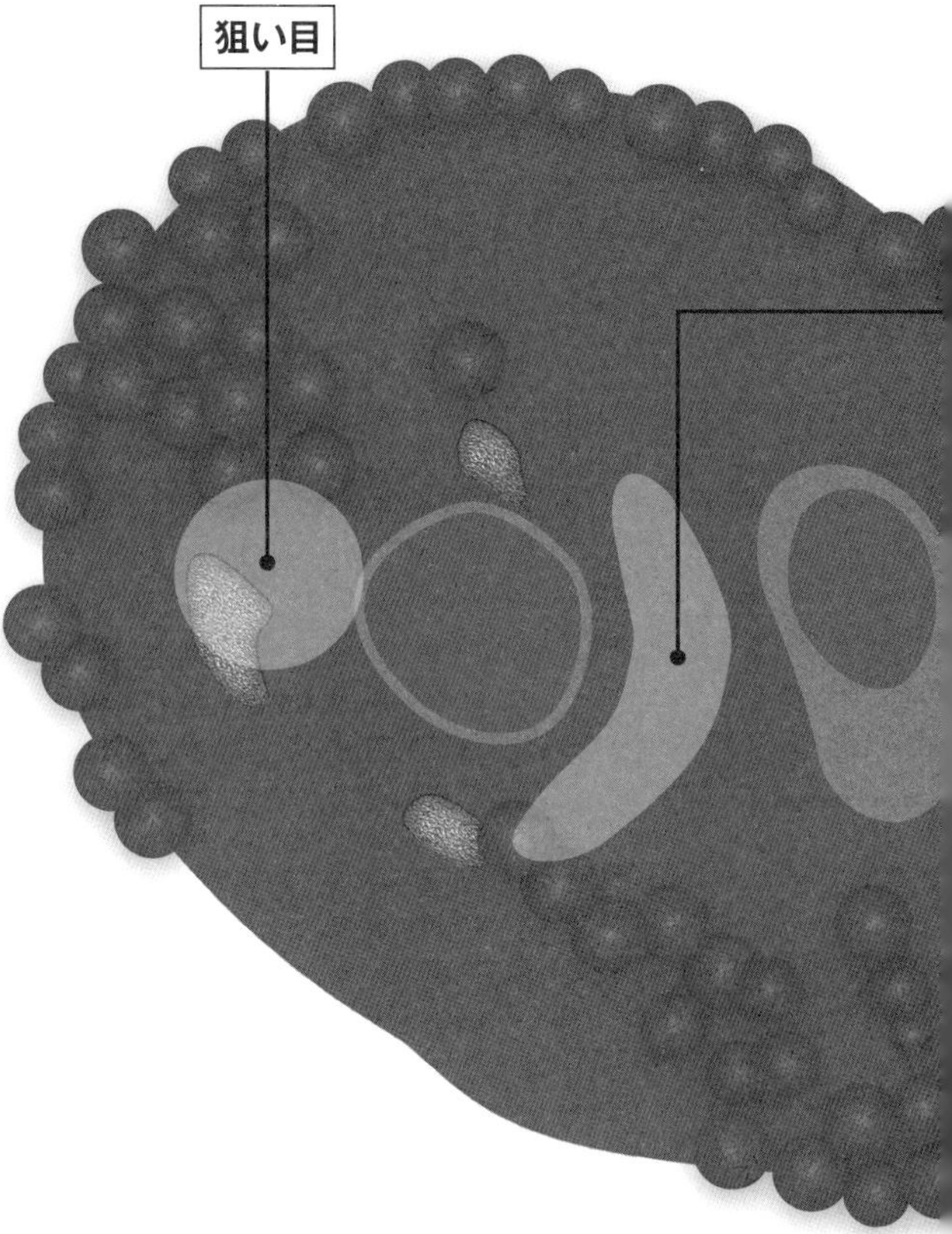

ティグランドから見るとグリーンの手前が深い谷になっていて、グリーンも小さく「レダン」に見える難しいホール。手前の谷はノーチャンスなので、グリーンをオーバーしてもいいから奥を狙って打つことだ。

三好カントリー倶楽部 西コース 16番ホール
（東海クラシック）

三好といえばコカコーラ東海クラシックの舞台ですが、16番はツアー屈指の難易度を誇るパー3として有名ですね。グリーンの左は崖になっていて、落としてしまうと木が邪魔でピンを狙いにくくなります。かといって右に打てばいいかというとそうではなく、細長いバンカーが待ち受けていて、ここからもピンに寄せるのはやさしくありません。

グリーンが縦長なので、ピンの位置によっては番手が3番手ぐらい変わってくるのですが、奥だと4番アイアンや5番アイアンになってかなり難しくなります。

ツアープロは最悪の左を避ける球筋をチョイスしつつも、思い切って打っていくしかありませんが、アマチュアが賢く攻めるなら、無理に乗せようとせず、グリーン手前のスペースに打つことでしょう。そこからなら縦長のグリーンの奥行きを使ってアプローチすることができますからね。

このように、難しいホールでも設計家はボギーオンするための逃げ道を用意してくれているものです。それを見つけることができれば、寄せワンのパーも夢ではないのです。

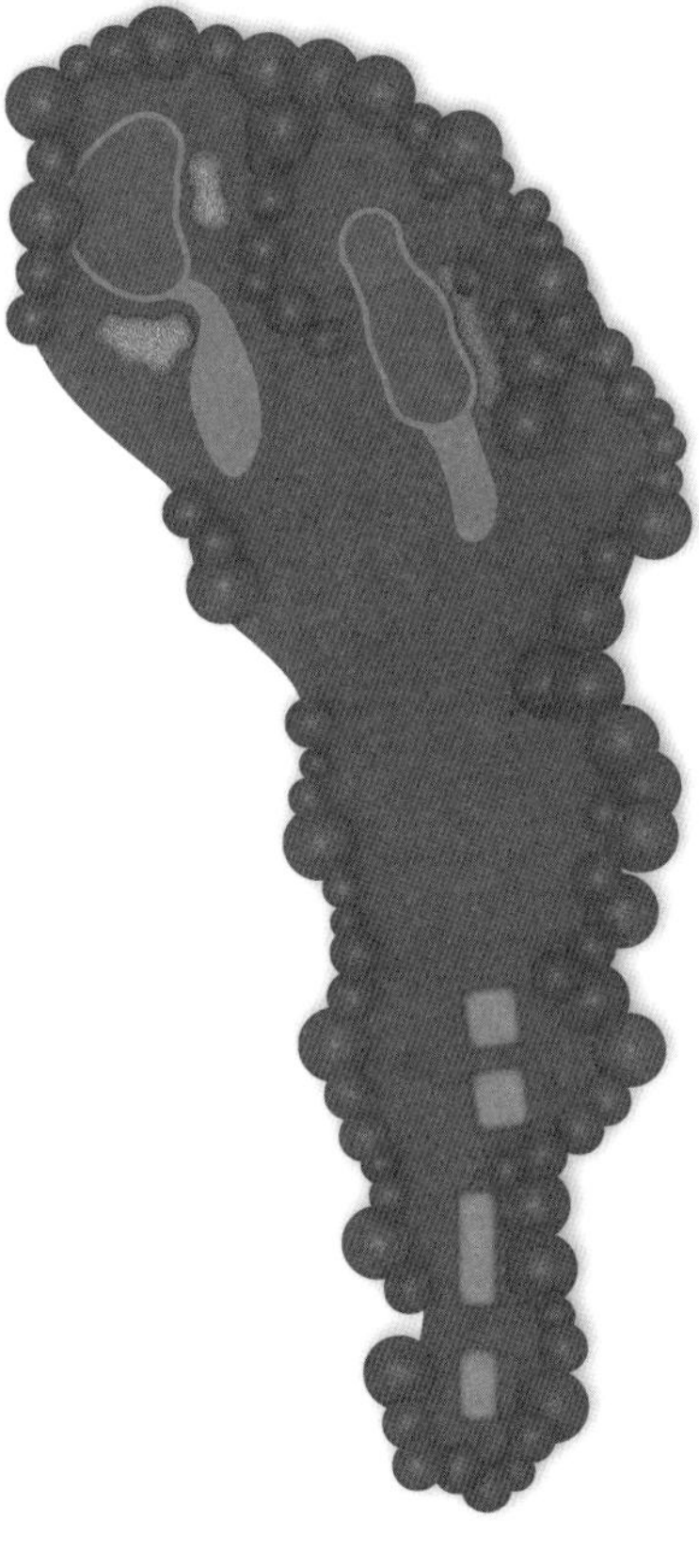

三好カントリー倶楽部 西コース
16番ホール
190Yard　Par3

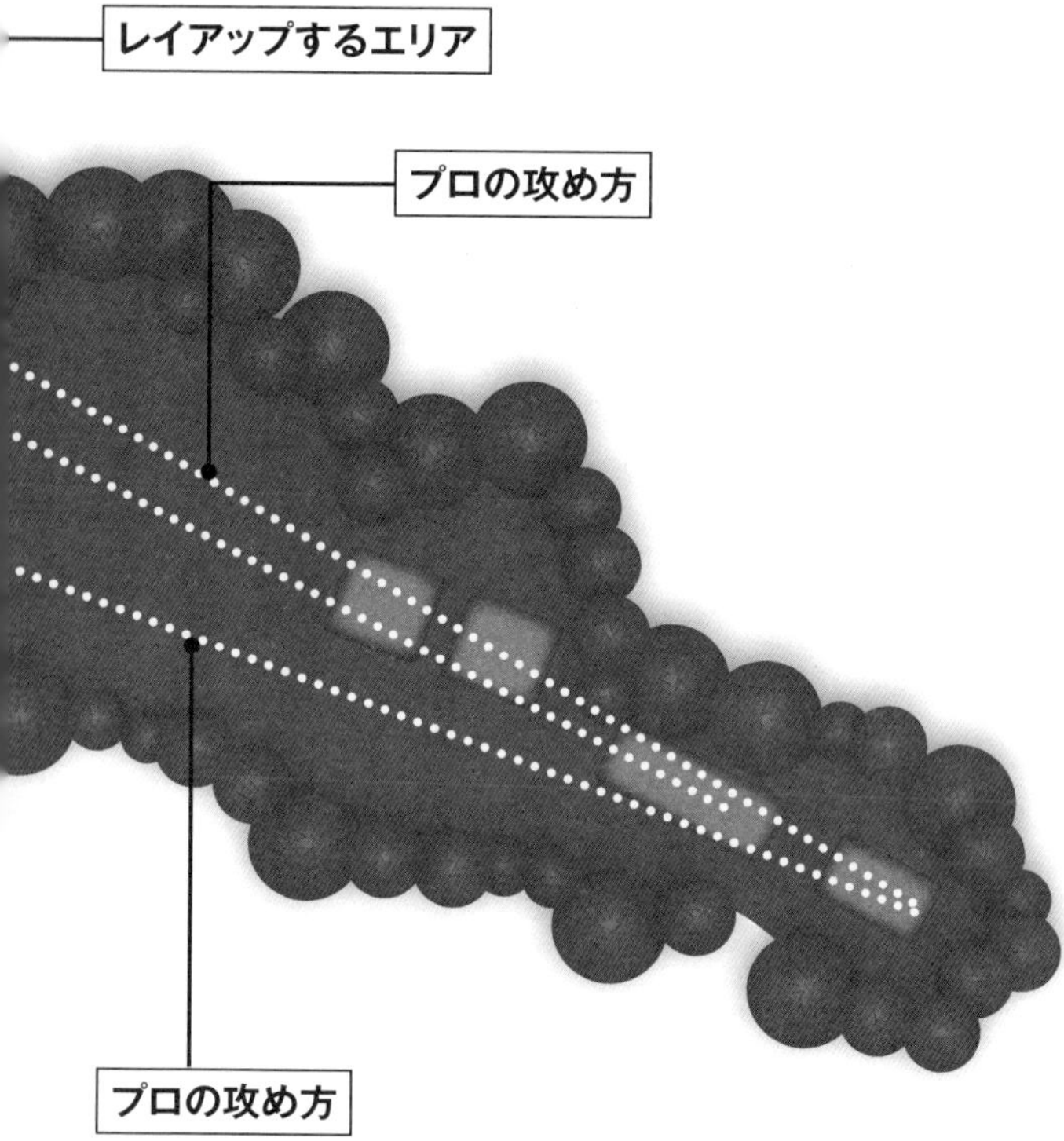

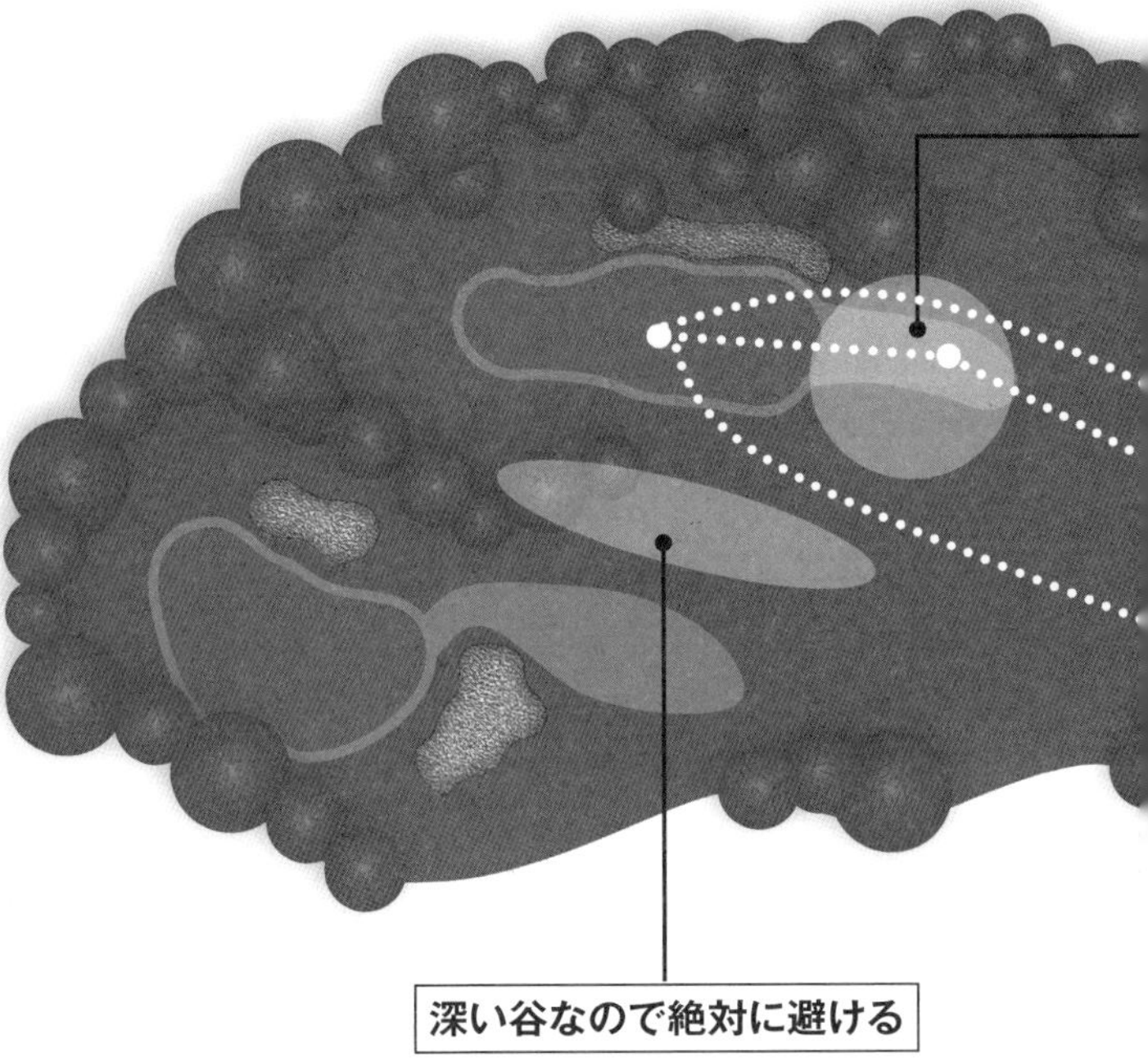

左は深い谷、右もバンカーが待ち構える難しいホール。プロは左の谷を避ける球筋で攻めるが、アマチュアは谷に届かないクラブを持ち、手前のエリアにレイアップするのが確実な方法だ。

東京よみうりカントリークラブ 18番ホール
（ゴルフ日本シリーズJTカップ）

距離が長い上にかなり高低差のある砲台グリーンになっていて、しかもグリーンの傾斜がきつく、加えて速いという難しいホールです。ここはプロでもパーを取るのが難しいですね。ましてやトーナメントの土壇場の場面でとなると、そのプレッシャーは半端なものではないでしょう。

グリーンは大きめですが、ピンの上につけたらチャンスはありません。ピンハイでもパーセーブがやっとでしょう。ここでバーディをとるにはピンの下につけるしかないんです。ましてやグリーンを外すなら絶対に手前です。サブグリーンのガードバンカーを超えたところまで打てればパーセーブできるチャンスが出てきます。

２０１３年の日本シリーズの最終日、宮里優作選手は左に外しましたが、ピンよりも上だったので物凄く難しいアプローチが残ってしまったんです。ライが良くないこともあってトップしましたが、普通ならグリーンに残るところが残らないのがこのホールの怖さです。3打目が直接入って見事初優勝を果たしましたが、やはりゴルフは下から攻めないとダメだということの証明だったように思います。

このホールに限らず、コースマネジメントの基本は手前から攻めることです。「手前」というのは、上りのアプローチを残すという意味で、グリーンが奥に向かって傾斜している場合は奥に、右から左に傾斜している場合は左に、というように、どこに外せば上りのアプローチが残るかを頭に入れながらプレーしましょう。

東京よみうりカントリークラブ
18番ホール
224Yard　Par3

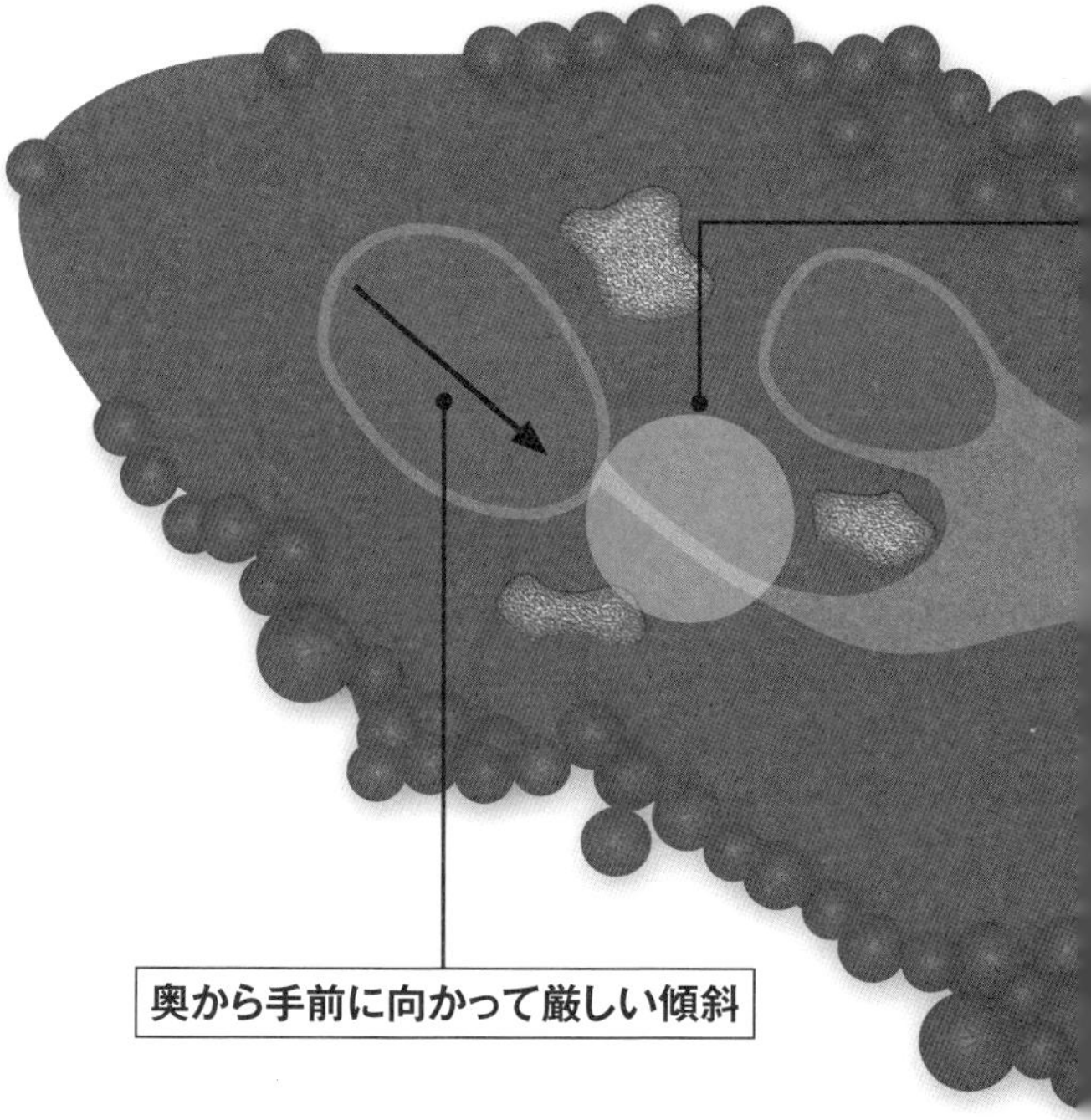

グリーンの傾斜が奥から手前に向かってキツいので、奥と横に外すと難しいアプローチが残ってしまい、プロでもダブルボギーがある。アマチュアは絶対にピンまで打たず、グリーン手前のエリアに置くことを心がけよう。

あとがき

『ゲーム』。私が在米18年間で幾度となく使った言葉です。日本では、ゴルフが終わった時に、〝良いラウンドだったね〟などと表現して言葉にしますが、〝くるっ！〟と一周回ってきたみたいで味がありません。『ゲーム』なるこの言葉。どのシーン、どの場面で使うかは、本書を読み終わった時点で理解できるはずです。プロの試合では18ホールラウンド終了後に選手同士が帽子を取り、握手をして声をかけますが、良いプレーをした選手には必ず『ナイスゲーム』という言葉が多くかけられます。

ゴルフでは、すべてのショットがナイスである必要はないのです。ティショットがミス、セカンドもグリーンに乗らない、アプローチも寄らなかったのに、10メートルのパーパットが入った。これでもパーが取れるのです。逆にすべてのショットが完璧でも最後のパットが入らずパーになることもあります。しかし上達し長くプレーを続ける人には共通点があります。それは自分が意図してプレーいたかどうか。1番ホールから18番ホールまで、各ホールの1打目からカップへ沈めるまでのシナリオを書けるか？　また突然のハプニングに対応できるかどうか？　そしてトラブルに最小限のストロークで対処できたかどうか？　が必要なのです。本書では自分自身を知ることで、ゴルフをもっと面白くし、現在の技術でも十分ベストスコアを叩き出せる術として、セルフマネジメントを多く説いてきました。18ホールは長いですが、それを難しいと考えるのではなく、1ホール、1ホールを消化して、18ホールを自分のシナリオでゴルフ『ゲーム』を演じきったとき、同伴競技者から『ナイスゲーム』と声をかけて貰いたいですね。

そして、最後にもう一つゴルフに大切なことをお教えしますね。パートナーです。誰とゴルフゲームをするかです。一昔前は、会社の上司やお付き合い、学生時代の部活動でゴルフを嗜んでいた方々がほとんどだと思います。会社を退職されたり、学校を卒業して完全にゴルフから離れてしまった人も多いはずです。そこでお勧めしたいのは、ゴルフの友を作ること。それはゴルフクラブへの入会やゴルフサークル、ゴルフスクールでもかまいません。自分のゲームを戦わせることのできるゴルフ仲間と一緒に楽しむことが、上達への近道であり、生涯ゴルフという最終目的地到達の条件だと思います。楽しい仲間と思いっきりゴルフを楽しんでください。

タケ小山（小山武明）
中央大学卒　89年米国フロリダ州のゴルフ場へ所属プロとして渡米。米、カナダ、豪州、アジアなど世界中の試合に参戦。96年から米ゴルフチャンネルで解説を開始。07年日本ツアー参戦のため帰国。09年早大大学院卒。現在は解説をはじめ、テレビ、ラジオで活躍中。屋根裏さんの愛称でもおなじみのプロゴルファー。

今の技術でベストスコアを叩き出す！
タケ小山のセルフマネジメントゴルフ

2014年4月29日　初版第1刷発行

著者●タケ小山
構成●小林一人
編集●小木昌樹
撮影●大沼洋平
発行者●中川信行
発行●株式会社マイナビ
〒100-0003 東京都千代田区一ツ橋1-1-1 パレスサイドビル
編集:03-6267-4483/販売:03-6267-4477
注文専用:048-485-2383
E-mail（質問用）:kikaku-hensyu@mynavi.jp
Webサイト:http://book.mynavi.jp/
装幀●米谷テツヤ
印刷・製本●株式会社大丸グラフィックス

ISBN978-4-8399-5101-6　C0075